本书的出版得到了国际注册专业会计师公会（AICPA1CIMA）的资助

阿米巴经营理论与实践

佟成生　卜志强　著

中国财经出版传媒集团

经济科学出版社

Economic Science Press

序

看到由我院佟成生副教授和大阪市立大学商学部卜志强副教授合作完成的《阿米巴经营理论与实践》一书的初稿，我感到由衷的高兴。其一，这是近年来上海国家会计学院着力打造管理会计高地所取得的又一项成果。五年前，我们有感于中国社会发展变化对提高管理会计水平的迫切需求，在财政部和社会各界的大力支持下，多措并举，开始着力打造融管理会计理论与实践问题研究及管理会计知识分享与能力提升为一体的管理会计高地。几年来，学院的教师或独立承担，或与相关伙伴合作，开展了多项管理会计课题研究，发布了一系列的研究成果，撰写了一批管理会计领域的教学案例；以学院为主，联合相关合作伙伴共同打造的上海国家会计学院管理会计年度论坛在连续举办五届后，亦已成为国内外具有一定影响力的管理会计理论与实践交流平台；管理会计课程教学目前已经成为学院全国会计领军人才等各层次领军人才培养以及包括 EMBA、EMPAcc、MPAcc、留学生等在内的各类学位项目教学的重要内容。其二，这本书的问世也进一步佐证了"合作创造价值"这一重要道理。在建设管理会计高地的过程中，我们感觉到，既要高度关注在管理会计领域取得丰硕成果的美国学术界的研究和美国企业的实践，也要关注日本、德国等国的学术界和企业在管理会计领域的探索。从某种意义上说，研究与中国文化有更多相似性的日本企业和学术界在管理会计领域的探索，或许能够给我国企业推进管理会计工作带来更独特的启示。有鉴于此，被称为日本式管理会计的阿米巴经营就成为我们高度关注的研究对象。2014年底，学院联合京瓷阿美巴管理顾问（上海）有限公司和国际注册专业会计师公会（当时的CIMA）成立了上海国家会计学院阿米巴研究中心，邀集国内外学术界和实务界的专家共同参与，协同开展阿米巴经营相关问题的研究。这本书是两位作者浸润阿米巴研究多年的成果，也是阿米巴研究中心发起各方及在阿米巴实践方面作出积极探索的中外企业共同支持的结果。

稻盛和夫先生名列日本四大经营之圣，他成功创办了京瓷和KDDI两家跻身世界500强的企业，稻盛哲学和阿米巴经营被视为帮助他取得卓越经营成就的两大支柱。2010年，稻盛先生以近八旬高龄，临危受命拯救深陷泥潭的日航，他不取任何薪酬，出任处于破产保护状态的日本航空公司的董事长，通过在日航导入阿米巴经营等举措，第一年就创造了辉煌的业绩，不仅帮助日航扭亏为盈，而且创造了日航历史上年度利润最高的纪录，用不到三年的时间使日本航空公司重新上市。这个经历更使得稻盛和夫先生的经营哲学和阿米巴经营模式名声大噪，我国企业界也出现了学习阿米巴经营的热潮。但是，如果稍作探究就会发现，人们对阿米巴经营的理解可谓千差万别，甚至形成了"阿米巴乱象"。毫无疑问，我们期望在实践中运用阿米巴经营以提升企业绩效和竞争力，首先就需要对源出京瓷的阿米巴经营有全面深入的了解，再基于对阿米巴经营在不同文化背景、不同行业环境下运用情况的理解，结合企业自身的独特性，对阿米巴经营模式进行创造性地运用。本书的作者做了一个成功的尝试，即在系统介绍源出京瓷的阿米巴经营的同时，也对阿米巴经营实践中的相关问题进行了深度研究。在理论部分，作者首先介绍了阿米巴经营诞生的背景和过程，考察阿米巴经营的构成要素。然后，对有关阿米巴经营的研究文献进行了系统的梳理，明确了在阿米巴经营研究领域尚未解决的问题。最后，提出一个关于管理控制系统的理论分析框架，并用这一理论分析框架，对阿米巴经营的基本要素及其作用机制进行详细的分析。在此基础上，构建了一个人本管理控制系统理论体系，可以为阿米巴经营提供重要的理论支持。而实践部分则展示了中日五家不同企业导入阿米巴经营的具体案例，其中四个中国企业案例是本书的两位作者亲自调研的成果，而日本航空公司案例素材提供者是曾担任京瓷阿美巴管理顾问（上海）有限公司董事长的大田嘉仁先生。我相信，作为一本深度探析阿米巴经营理论与实践的著作，本书的出版将对人们更好地理解和运用阿米巴经营大有裨益。

中国特色管理会计体系的建设任重而道远。《阿米巴经营理论与实践》是阿米巴研究中心的阶段性研究成果。在向两位作者表示由衷的祝贺和向大阪市立大学都市研究中心冈野浩教授、CGMA 李颖女士、京瓷阿美巴管理顾问（上海）有限公司大田先生等对阿米巴研究中心的支持表示衷心感谢的同时，我也期待着各方的合作能取得更加丰硕的成果，也期盼两位作者继续潜心耕耘，为管理会计理论和实践的发展作出新的贡献。

上海国家会计学院院长李扣庆

2018 年 2 月 24 日

目　录

第一章　绪论 …………………………………………………（ 1 ）

　　第一节　研究背景 ……………………………………（ 1 ）
　　第二节　研究课题与研究意义 ………………………（ 5 ）
　　第三节　研究内容 ……………………………………（ 7 ）

第二章　阿米巴经营理论框架 ……………………………（ 9 ）

　　第一节　引言 …………………………………………（ 9 ）
　　第二节　阿米巴经营的诞生背景与构成要素 ………（ 11 ）
　　第三节　对阿米巴经营研究的综述 …………………（ 21 ）
　　第四节　管理控制系统理论的基本内容及其前提假设 …（ 25 ）
　　第五节　阿米巴经营的理论基础——人本管理控制
　　　　　　系统理论 ……………………………………（ 41 ）
　　第六节　结论 …………………………………………（ 61 ）

第三章　东鹏控股公司的阿米巴经营实践 ………………（ 66 ）

　　第一节　中国家居建材行业状况 ……………………（ 66 ）
　　第二节　公司现状 ……………………………………（ 69 ）
　　第三节　阿米巴经营的导入背景与过程 ……………（ 75 ）
　　第四节　阿米巴经营模式的建立与核算 ……………（ 78 ）

第五节　阿米巴经营机制的运用 …………………………（88）

第六节　阿米巴经营机制的运用效果与实施保障 …………（101）

第四章　富阳数马的阿米巴经营实践 …………………（104）

第一节　公司概况与导入阿米巴经营的目的 ………………（104）

第二节　经营中存在的问题分析 ……………………………（107）

第三节　阿米巴组织的建立与核算 …………………………（116）

第四节　阿米巴经营的运用及效果 …………………………（120）

第五章　国瑞升的阿米巴经营实践 ………………………（127）

第一节　引言 …………………………………………………（127）

第二节　公司的创立和发展历程 ……………………………（128）

第三节　导入阿米巴经营模式的背景和契机 ………………（133）

第四节　阿米巴经营的导入方法和过程 ……………………（135）

第五节　各部门实施阿米巴经营的情况 ……………………（148）

第六节　导入阿米巴经营后的效果 …………………………（152）

第七节　成功经验与尚待解决的课题 ………………………（154）

第六章　银座集团精益小组经营模式 ……………………（156）

第一节　引言 …………………………………………………（156）

第二节　银座集团概况和导入精益小组经营模式的
　　　　背景 …………………………………………………（157）

第三节　泉城大酒店精益管理的导入过程 …………………（158）

第四节　泉城大酒店精益小组经营的导入过程 ……………（165）

第五节　泉城大酒店精益小组经营实施效果 ………………（178）

第六节　精益小组经营在银座集团的推广应用 ……………（179）

第七章　稻盛经营哲学与阿米巴经营拯救日本航空重建…………（182）

　　第一节　日本航空的导入背景和稻盛参与经营的企业………（182）

　　第二节　稻盛经营哲学的基本概念……………………………（184）

　　第三节　阿米巴经营……………………………………………（188）

　　第四节　日本航空（JAL）的重建……………………………（190）

附录……………………………………………………………………（199）

　　广东东鹏控股股份有限公司组织架构…………………………（199）

　　东鹏瓷砖预定实绩核算表………………………………………（202）

　　东鹏瓷砖7月任务单……………………………………………（205）

后记……………………………………………………………………（209）

第一章 绪　　论

第一节　研究背景

　　1978年实施改革开放政策以来，我国的经济体制从计划经济体制成功地转型为社会主义市场经济体制。在过去的40年里，我国经济实现了在世界范围内从未有过的持续高速增长，并且于2010年经济规模首次超过日本，至今一直稳居世界第二的位置。据有关专家预测，未来几年中国经济的总体规模有可能超过美国成为世界第一。现在中国不仅是许多产业的世界最大的生产基地，同时也是规模巨大的消费市场。在我国经济高速发展的过程中，企业作为经济发展的主体获得了快速的发展。我国企业不仅在国内经济社会的发展中起着主体作用，而且开始活跃在世界经济舞台上，在世界跨国企业的行列中占据了一席地位。根据财富中文网的统计数据，2017年世界500强中，中国企业就有115家，占了总数的1/5以上。

一、先进的经营管理方法是企业市场竞争力的支撑

　　企业的市场竞争力需要有两个方面的支撑：一是硬件支撑，即高水平的研究开发技术和生产技术；二是软件支撑，即先进的经营管理方法。在过去40年中，我国企业在从世界发达国家引进先进生产设备和

技术的同时，引进了有关质量管理、成本管理、生产管理等先进的企业管理方法。这些先进的技术和方法在企业的成长和发展过程中发挥了主导性的作用。特别是通过对先进的企业管理方法的引进、消化和吸收，我国企业在国际市场上取得了压倒性的竞争优势，中国制造的产品畅销世界各国。这些先进的管理方法许多是来自欧美发达国家的，但是一个明显的事实是，在企业实践中应用最为广泛的企业管理方法大多来自日本。

中国和日本这两个一衣带水的邻邦，从历史上看，几乎是在同一时期开始学习引进欧美的现代企业管理方法。在日本，被称为科学管理之父的泰勒（F. W. Taylor）的主要著作《科学管理原理》最早是由星野行则翻译的，书名译为《学理的事业管理法》。推动科学管理法在日本普及的代表性人物则是上野阳一。他倡导设立了专门研究科学管理的产业能率研究所，还成立了日本产业能率学校和培训班，培养科学管理人才，开展企业管理咨询工作。他还翻译了《泰勒全集》，其中包括《能率增进法[①]》。他组织的日本产业能率研究会，被美国泰勒协会认证为泰勒协会在日本的分会。上述工作极大地推动了科学管理法在当时的日本产业界和学术界的普及。

在中国最早介绍泰勒的科学管理法的是曾经在美国留过学的穆湘玥[②]，他在1914年给泰勒本人写信获得了该书的中文翻译许可，并与董东苏合作翻译完成，于1916年由中华书局出版。中文译名参照日文译法，定名为《工厂适用学理的管理法》。穆湘玥为工商实业家，曾经在他经办的纱厂推行这一管理法。后来，同样有美国留学经历的杨铨[③]等人曾经在杂志上发表文章大力鼓吹泰勒的科学管理法（许康、劳汉生，2001）。遗憾的是由于当时中国政治经济与社会的状况，科学管理法没有能够在中国企业生根、开花、结果。改革开放之后，中国政府、企业

---

① 能率增进法是"科学管理法"的另一种日文译法，能率是日文汉字，中文意思是效率。
② 穆湘玥，字藕初，上海浦东人，1876－1943年。
③ 杨铨，字杏佛，江西清江县人，1893－1933年。

界、学术界都深刻地认识到学习发达国家的经营管理知识和经验对于中国实现现代化的重要性。由于地理、历史与文化，以及当时国家间政治、经济方面的原因，企业界和学术界的目光首先转向了邻国日本，希望能够尽快借鉴和吸收日本企业的先进管理方法，促进中国的产业振兴和经济发展。

二、中国学习和引进日本企业经营管理方法的三次热潮

迄今为止，我国企业界和学术界在学习和引进日本的企业经营管理方法方面曾经有过三次热潮。第一次热潮是引进和推广全面质量管理，时间大约在 1978~1990 年。当时，在中共中央和国务院的号召和推动下，在全国开展了提高质量管理水平和产品质量水平的活动。在这个大背景下，日本的著名质量管理专家石川馨多次来中国讲学，宣传日本的质量控制小组制和全面质量管理。1978 年和 1979 年，日本小松制作所派专家到北京内燃机总厂指导全面质量管理的实施（许康，劳汉生，2001）。通过十几年的不懈努力，我国众多的企业在推行全面质量管理方面取得了丰硕的成果。其中，海尔的实践就是一个典型的成功案例。海尔通过引进全面质量管理，不仅提高了产品质量，更为重要的是提高了企业管理水平，并且在此过程中，创造了独具特色的日清工作法。

第二次热潮是引进和推广精益生产方式（即丰田生产方式），时间大约在 1985 年以后至 1995 年。早在 1977 年和 1981 年，被称为丰田生产方式之父的大野耐一就到长春一汽进行过指导。后来一汽在 20 世纪 80 年代中期引进日本日野汽车的技术建设了变速箱厂，与此同时正式引进精益生产方式，到 90 年代初已经全面按照精益生产方式的要求进行生产。在同一时期，我国众多的企业尝试导入精益生产方式，并出现了许多成功的案例。例如，宝钢在 90 年代初期开始借鉴并导入推进新日铁的成本管理方法以及精益生产方式，并在此基础上构建了具有特色的宝钢精益成本管理体系（卜志强，2006；范松林，2016）。

第三次热潮是学习和导入阿米巴经营，时间大约从 2010 年至今。国内最早系统地介绍阿米巴经营的是曹岫云，据他本人介绍，他是在 2001 年参加第一届中日企业经营哲学国际讨论会，听了阿米巴经营之父稻盛和夫的演讲，才知道了稻盛经营哲学和阿米巴经营的概念。他感到稻盛和夫的经营哲学对中国企业的经营管理很有参考和推广的价值，就倡导成立了"无锡盛和企业经营哲学研究会"，致力于在企业家中介绍推广稻盛经营哲学（曹岫云，2006）。与此同时，将许多日文的有关稻盛经营哲学和阿米巴经营的书籍（其中包括稻盛和夫自己写的）翻译成中文在国内出版。后来，稻盛和夫应邀来中国，在北京、广州等多个城市举行稻盛和夫经营哲学报告会，报告会场场爆满，盛况空前。为了满足国内企业家学习和借鉴稻盛经营哲学的迫切要求，在稻盛和夫本人的大力支持下，2010 年初曹岫云组织成立了稻盛和夫（北京）管理顾问有限公司。该公司作为日本盛和塾[①]在中国的分支机构，举办各种培训班宣讲推广稻盛经营哲学。京瓷集团下属的咨询公司 KCCS[②]，于 2012 年在上海成立了京瓷阿美巴管理顾问（上海）有限公司（KAMC），面向全国企业开展导入阿米巴经营的咨询辅导事业。近年来许多国内企业为了提升经营管理水平，提高企业业绩，纷纷开始尝试借鉴和导入阿米巴经营模式。

在上述背景下，上海国家会计学院联合京瓷阿美巴管理顾问（上海）有限公司以及国际注册专业会计师公会（当时的特许管理会计师公会，CIMA），于 2014 年底在上海国家会计学院成立了阿米巴研究中心。该中心是国内建立的第一家专门从事阿米巴经营理论和实践研究的机构，其成员由上海国家会计学院相关领域的专职教师和来自国内外阿米巴经营研究方面的专家组成。中心成立三年来，研究人员在阿米巴经营

---

① 盛和塾是专门讲授和推广稻盛经营哲学的会员制学习机构，塾长是稻盛和夫本人。它的前身叫"盛友塾"，于 1983 年在日本京都成立，1989 年改名为盛和塾。目前在日本国内有本部和九个地区分支机构，在美国、中国、巴西、韩国有分支机构。

② KCCS 成立于 1995 年，是京瓷集团的一个子公司，专门从事阿米巴经营模式的咨询、辅导和推广业务。

理论研究和企业导入阿米巴经营模式实践研究两个方面做了大量的基础性研究和调查工作，并取得了不少既具有理论意义又具有实践意义的研究成果。本书就是阿米巴研究中心的成果之一。

第二节　研究课题与研究意义

一、研究课题

阿米巴经营诞生于世界著名的日本企业—京瓷集团，它是京瓷集团创立者、著名企业家、经营哲学家稻盛和夫在长期的企业经营实践基础上总结创建的一套卓越的经营管理方法。阿米巴经营不仅造就了京瓷集团的辉煌业绩，而且在拯救濒临破产的日本航空的过程中发挥了巨大的作用，创下日本航空死而复生的奇迹。阿米巴经营模式虽然诞生于日本的一家制造型企业，但是除了制造型企业外，许多服务型企业也成功地导入阿米巴经营模式，取得了显著的效果。根据 KCCS 的统计数据，截至 2017 年 9 月，KCCS 累计为 739 家日本企业导入阿米巴经营提供了咨询辅导。在这些导入阿米巴经营模式的企业中，既有制造型企业，也有航空、医疗、信息、销售、饮食等服务型企业。因此，可以说阿米巴经营模式是一种具有普遍推广意义的经营管理方法。

京瓷以及日本航空在阿米巴经营实践上的巨大成功，自然也引起了经营管理尤其是管理会计学术界的关注。进入 21 世纪前 10 年，阿米巴经营逐渐成为包括日本在内的西方管理会计学术界的一个重要的研究课题。近年来，阿米巴经营也引起了国内学者的瞩目，成为国内管理会计研究领域的一个热门话题。迄今为止，阿米巴的研究和应用在国内外学术界和实务界已经取得了一些成果，但是不论在理论深度上还是在应用广度上都有很大的空白有待填补。

从理论方面来看，目前的研究虽然从不同的侧面分析归纳了阿米巴经营的一些特征和机制，可是还没有提出一个适合分析阿米巴经营的完整的理论分析框架（卜志强，2017）。从应用方面来看，虽然许多日本企业成功地导入了阿米巴经营模式，但是也有很多不成功的或者失败的实例。到底怎样才能顺利导入阿米巴经营并且取得良好的绩效，仍然有许多课题有待解决。尤其是在日本以外的经营环境下怎样才能使阿米巴经营在企业中落地、生根、开花、结果，目前尚没有一个确切而完整的答案。

为了填补上述空白，我们选择了以下两个研究课题：一是理论课题，即研究阿米巴经营的理论基础，我们对实践中行之有效的阿米巴经营模式总结提炼，提出阿米巴经营模式的理论框架；二是实践课题，即通过介绍阿米巴经营模式导入的最佳实践案例，为国内企业成功地导入和实践阿米巴经营模式提供指导。

二、研究意义

通过对我国企业和学术界在学习和引进日本企业经营管理理论和方法的三次热潮的分析，我们认为第三次热潮在性质上与前两次有本质的不同。因为前两次的主题，无论是全面质量管理，还是精益生产方式，在引进我国之前已经在日本和许多欧美企业中得到了广泛的应用，并且取得了良好的效果。而且当时学术界对全面质量管理和精益生产方式的理论研究也相当成熟，形成了比较完善的理论体系。因此，对我国企业来说只要能够真正理解其内容和做法，就能通过导入取得应有的效果。可是，对于第三次热潮的主题即阿米巴经营的研究和应用来讲，正如前面已经指出的那样，目前不仅有关阿米巴经营的理论尚未成型，而且在具体实践中也存在许多问题需要解决。

因此，本书的研究成果不仅在发展经营管理学和管理会计学理论方面具有重要的理论意义，而且能够促进阿米巴经营在中国企业中更为广泛的应用，具有重大的实践意义。

第三节 研究内容

本书包括阿米巴经营理论和阿米巴经营模式导入实践两个部分。理论部分从管理控制系统的角度对阿米巴经营的性质及其特征进行了探讨，在此基础上提出了一个新的管理控制系统理论，即人本管理控制系统理论。实践部分是案例研究，分别介绍四家国内企业和日本航空应用阿米巴经营模式的案例。

本书共分为七章。前两章为理论部分，后五章为实践部分。各章的主要内容如下：

第一章绪论，介绍本书的选题背景、课题与意义，以及本书的构成与内容。

第二章阿米巴经营理论框架，首先介绍阿米巴经营诞生的背景和过程，考察阿米巴经营的构成要素。然后，综述迄今为止的有关阿米巴经营的研究文献，在明确其贡献所在的同时指出尚未解决的问题。最后，提出一个关于管理控制系统的理论分析框架，并用这一理论分析框架，对阿米巴经营的基本要素及其作用机制进行详细的分析。在此基础上，构建一个作为阿米巴经营的理论基础的人本管理控制系统理论体系。

第三章东鹏控股公司的阿米巴经营实践。作为建筑卫生陶瓷行业的领军企业，东鹏控股公司在经营规模和业绩水平达到一定程度的情况下，出现了很多中型企业面临的难题，公司高管决定导入阿米巴经营模式，由京瓷阿美巴管理顾问（上海）有限公司辅导，建立了比较原汁原味的阿米巴经营体系，取得了良好的效果。

第四章富阳数马的阿米巴实践。富阳数马装饰工艺品有限公司是一家日本集团公司在国内的生产企业，董事长是一位日本人，熟谙稻盛和夫的经营哲学，与京瓷阿美巴管理顾问（上海）有限公司合作，在国内企业先行导入阿米巴经营模式后效果显著，然后决定在日本集团公司也导入阿米巴经营模式。

第五章国瑞升的阿米巴经营实践。该案例是中日合资企业导入和推进阿米巴经营的典型案例。国瑞升是专业从事超精密抛光材料的研究开发、生产经营的中日合资企业，公司通过导入阿米巴经营模式，确立以国瑞升价值观为核心的经营哲学，划小核算单位，实行部门独立核算制度，在内部管理水平的提升和经济效益的提高两个方面，都取得了卓越的成效。本案例详细地介绍该公司导入阿米巴的背景和过程，总结其推进阿米巴经营模式的成功经验。

第六章银座集团精益小组经营模式。该案例是国有企业借鉴阿米巴经营模式的一个典型案例。山东银座集团下属的泉城大酒店在经营管理实践中以组织结构调整和科学评价体系的制定为基础，将服务标准化、提案改善制度以及精益小组经营制有机地结合起来，形成了酒店独特的经营管理模式。基于阿米巴经营模式的精益小组经营制，通过与精益管理有机结合，在实践中不断地改进和完善，成为一个有效的经营管理体系。本案例详细介绍和分析了这个精益小组经营模式的内容和特点。

第七章稻盛经营哲学与阿米巴经营拯救日本航空重建。国内实务界对阿米巴经营的迷恋一定程度上来源于日航导入阿米巴后成功的重建，本案例的素材是由辅佐稻盛和夫先生重建日航的亲历者提供，案例介绍了日本航空的导入背景、稻盛经营哲学的由来、人生方程式，重点介绍了日本航空的重建过程，对企业导入阿米巴经营模式有一定的借鉴作用。

参考文献

许康，劳汉生著：《中国管理科学化的历程》，湖南科学技术出版社2001年版。

范松林：《精益成本管理攻略》，中国财政经济出版社2016年版。

曹岫云：《稻盛和夫成功方程式》，中国大百科全书出版社2006年版。

卜志強（2006)「中国における原価管理に関する一考察」,『経営研究』第56巻第4号, 249–263頁。

卜志強（2017)「人本管理会計理論の構築」,『経営研究』第68巻第1号, 33–54頁。

第二章 阿米巴经营理论框架

第一节 引 言

阿米巴经营诞生于世界著名的日本企业京瓷集团（以下简称"京瓷"），它是京瓷的创立者及著名企业家稻盛和夫先生在长期的企业经营实践基础上总结创建的一套行之有效的经营管理方法。京瓷与本田汽车、索尼公司一起被称为"二战"之后日本最为成功的创业型企业。京瓷的前身叫做京都陶瓷公司，是当时年仅27岁的稻盛和夫与7名志同道合的伙伴于1959年4月创立的一家地方性的小企业。当初的注册资金只有300万日元，厂房也是临时租用的。最初的产品是一种用于电视机组装的零部件，主要客户是松下电器。20世纪60年代，由于成功地开发研制出电子计算机集成电路封装等产品，京瓷的业绩水平不断提高，规模也迅速扩大。之后，凭借在精细陶瓷技术上的优势，不断地开拓新的产品领域。

京瓷自创立起一直保持快速增长，创造了连续58年盈利的辉煌业绩，连续多年位居同行业的领先地位。1974年，京瓷股票在日本东京证券交易所上市，1980年，在美国纽约证券交易所上市。在短短的20年里，京瓷从一个名不见经传的街道小厂，一跃成为日本著名的跨国企业。现在，京瓷已经成为一个注册资金1157亿日元，员工人数7万人，年销售收入14200亿日元的巨大的企业集团。业务开展区域不仅遍布日本国内，而且覆盖亚洲、美洲、欧洲和其他地区。事业范围涉及半导体零部件、电子装置、工业用零部件、汽车用零部件、文件处理通讯设备、生活环境设备以及其他多种事业领域。

  一个企业要想长期地创造并维持其在市场上的竞争优势，需要有两个重要的因素作为支撑。一个因素是能够不断地研究开发和生产出满足市场需求的新产品的技术能力，另一个是能够有效和高效率地开展企业经营管理活动的经营管理方法。这两个因素要同时具备，特别是后一个更是实现企业可持续成长的不可或缺的条件。因为好的经营管理方法不可能像生产设备和产品技术那样从外部购买进来，只能在长年的企业经营实践中，通过总结失败的教训和成功的经验，独自地摸索提炼而来。正因为如此，这种独自的经营管理方法往往难以被其他企业模仿，是企业竞争优势的真正的源泉。京瓷的竞争优势的源泉就是被称为阿米巴经营的一种卓有成效的经营管理方法。

  阿米巴经营的基本原理是将整个企业组织按照职能和业务流程划分成若干个细小的、独立核算、自负盈亏的经营单位，每个经营单位就是一个阿米巴。每一个阿米巴都是具有经营决策权和承担相应责任的自主经营的单位。阿米巴经营的主要目的有三个：第一，确立与市场挂钩的部门核算制度；第二，培养具有经营意识的人才；第三，实现全体员工参与经营。其精髓是把企业整体、各个部门、每个员工的利益紧密地结合在一起，齐心协力实现附加价值最大化，合理分享经营成果。阿米巴经营模式是一种能够提高员工参与经营的积极性、增强员工的创造力和激发员工活力的一种经营管理体系。

  阿米巴经营不仅造就了京瓷集团的辉煌业绩，而且在拯救濒临破产的日本航空公司（以下简称日航）的过程中发挥了巨大的作用，创造了使日航死而复生的奇迹。被称为日本航空行业的旗舰企业、曾经是世界500强的日航，在2009年由于经营不善被日本政府接管实施破产保护的时候，已经从京瓷经营一线退出的稻盛和夫临危受命，接受当时日本政府的委托，出任日航董事长。稻盛和夫不负众望，通过在日航导入阿米巴经营模式，仅用短短的三年时间，就使得一度从东京证券交易所退市处于破产保护状态的日航不仅转亏为盈，而且偿还了所有债务之后仍然保持健康增长的态势，并重新在东京证券交易所上市。

在日本，阿米巴经营不仅在企业界，而且在学术界也受到广泛的关注。许多企业通过导入阿米巴经营模式，取得了良好的效果。学术界也通过对企业阿米巴经营案例的研究，发表了不少研究成果。但是应该看到，迄今为止虽然关于阿米巴的学术研究有了一定的积累，可是这些研究文献大部分属于一般性的案例研究。这些研究对案例企业的阿米巴实践做了翔实的描述，进行了一定的分析，但是它们即没有给出适当的理论分析框架，更没有运用理论分析框架，分析阿米巴经营的本质，概括其基本特征，最终构建阿米巴经营的理论基础。

近年来，阿米巴经营模式正受到了越来越多的中国企业的关注。为了提升经营管理水平，提高企业的绩效，包括国有企业在内的许多企业开始尝试导入这一经营模式。像宝钢金属等一些企业已经在导入阿米巴经营模式的实践中，取得了不少宝贵的经验，这些经验有待通过总结归纳上升为理论。但是应该看到的是，由于阿米巴经营模式到我国的时间还不长，相关文献资料比较有限，我国学术界的研究处于刚刚起步阶段，研究数量较少，研究范围较为狭窄。

本章试图提出一个分析阿米巴经营模式的理论框架，填补上述空白。并将在深入分析阿米巴经营模式的基础上，构建一种适合中国企业的经营管理模式。因此，这项研究工作不仅具有重要的理论意义，而且具有巨大的实践意义。

第二节　阿米巴经营的诞生背景与构成要素

一、阿米巴经营的诞生背景和过程

像所有的经营管理方法一样，阿米巴经营不是一夜之间突然诞生的，而是由京瓷的创业者稻盛和夫与他的同事们在长期的经营管理实践中，通过不断地摸索和提炼而创立的一种有效的经营管理模式。按照稻盛和夫本人和他的同事在有关著述中的描述和说明，阿米巴经营诞生的背景和过程大致如下（青山政次，1987；稻盛和夫，2006）。

在创立京瓷之前，稻盛和夫曾经在另一家公司里工作过。当时作为一个工程师，他的主要任务是研制和开发新型陶瓷材料。后来他感觉到在那家公司难以施展自己的抱负，发挥自己的才能，于是在志同道合的朋友的支援与合作下创建了京瓷。创业初期，他既要负责产品开发，又承担着企业的经营管理工作，因此京瓷的财务会计人员会拿着财务报表向他说明企业的资产负债和损益情况，如用两个月前的财务报表向他说明企业产品的成本是多少，实现了多少利润等。当时他对于企业会计可以说是一窍不通，所以有关会计术语的意思、报表中数字的意义等不明白的地方就向财会人员询问，财会人员就一一向他解释。在这一问一答的过程中，他发现财务会计虽然是一种评价企业业绩的有效方法，但是它有一个重大的局限性：那就是它只能告诉我们企业过去的业绩如何，而不能告诉我们企业现在的状况如何，也不能告诉我们应该怎样做才能搞好企业经营管理，提高企业的经济效益。换句话说，对于企业经营管理者来讲，财务会计不是能用来帮助提高企业经营管理水平的有效手段。于是，他就在经营实践中不断地思考这样一个问题：既然现有的会计不能帮助提高企业经营管理水平，那么能不能创立一种能够用于指导现实的企业经营管理活动的真正有效的会计方法？

在创业之初，作为工程师的稻盛和夫对于企业经营管理既没有多少知识也没有什么经验，只是凭着一腔热血，与伙伴们同心协力、艰苦奋斗，在短短的几年中就使得企业走上快速发展之路，规模不断地扩大。这样一来，作为经营者的他就开始感到，靠他一个人或者少数几个人来管理规模逐渐扩大的京瓷，会越来越力不从心。于是他想到如果能够在公司内培养出许多经营管理人才，与他共同分担经营管理责任，那么就算以后京瓷的规模变得更大，同样能够自如地搞好企业的经营管理。为了培养这样的人才，可以把企业组织细分成多个小的独立经营单位，这样每个小的经营单位的负责人可以通过本单位的经营实践积累经营知识和经验，成为具有经营意识的人才。每个小的经营单位既然是独立经营的单位，那么就需要有相应的核算方法，于是稻盛和夫和他的同事就参照财务报表中损益表的样式，设计了一种核算表来评价每个经营单位的业绩。

在经营企业的实践过程当中，作为经营者必须随时对经营中出现的问题提出解决办法，对于重大问题制定正确的决策。否则，企业经营就可能出现各种各样的失败，甚至会因为经营决策的失误，导致企业经营不善而最终破产倒闭。当时年轻的稻盛和夫面临的最大的烦恼就是当他在企业经营中遇到各种问题的时候，应该以什么为判断的标准，来制定正确的解决方案。虽然他没有系统地学习过有关企业经营管理的知识，但是他凭直觉意识到：在对某个事物作出判断的时候，首先应该追溯事物的本质。因此，他认为基于人的基本道德和良心，以"作为一个人何为正确"为基准来对事物进行判断是最为重要的。所谓"作为一个人何为正确"的意思其实并不深奥复杂，就是做人的一些基本原则和规矩。如我们小的时候，父母会告诉我们的"这个不能做""那个可以做"等等。上学以后，老师会教给我们判断"真善美丑"的伦理道德观。简单来说，就是"公平""公正""正义""努力""勇敢""博爱""诚实"等词汇所表达的内容。

稻盛和夫认为在策划所谓经营战略以及经营战术时，首先要以"作为一个人何为正确"为基准考虑问题，只有这样才能正当合理地经营企业。在企业经营的重要领域之一会计方面也是完全一样的。也就是说，遇到问题的时候，不能只是套用被称为会计常识的思维方法和习惯做法，要考虑问题的本质是什么，按照反映会计本质的原理原则进行判断。因此，不能盲目地相信所谓一般公认的会计准则，要从经营管理的立场出发，问一问"为什么要这样？""问题的本质是什么？"然后才能作出正确的决定。

从上述说明可以看出，阿米巴经营诞生的背景原因有三个：第一，稻盛和夫从自己的企业经营实践中，切身体会到要想搞好经营管理，仅仅依靠只能提供企业过去业绩信息的财务会计是不够的，需要有一种真正有用的会计（管理会计）方法，而传统的管理会计方法不能满足这种需要；第二，随着企业规模的扩大，单靠一个或者少数经营者是无法面面俱到地把握整个企业的状况，从而按照实际情况制定合理的经营决策。为了使得庞大的组织既透明又充满活力，一个好的办法就是把大的组织划分成许多小的独立核算单位，让每个单位实行自主经营；第三，卓越的经营必须有正确的原理原则做指导。当然，要想经营好一个企业，必须要制定好的经营战略和战术。但是正确的做法是首先要树立正确的经营理念和经营哲学，然后基于经营理念和经营哲学来构思经营的战略和战术。这样才能保证经营战略能够实现企业的目的和目标。

二、阿米巴经营的构成要素

阿米巴经营作为一个经营管理系统由三个基本要素构成：一是经营理念与经营哲学；二是单位时间核算制度；三是阿米巴组织。这三个要素都是京瓷创业者稻盛和夫和他的同事们为了解决经营实践中出现的问题而构思设计出来的。

（一）京瓷的经营理念与经营哲学

京瓷的经营理念与经营哲学的确立起因于一次劳资争议事件。1959年，京瓷创立之初，事业发展很顺利。因此，第二年就招聘了11名高中毕业生作为新员工。可是就在一年之后，这批新员工就向公司管理层提出劳资谈判。谈判的要求有两个，一是当初招聘的时候公司曾经许诺一年之后要实行月工资制度，而这个许诺至今没能兑现，员工们要求立即兑现；二是公司保证每年提高工资和奖金金额。员工们提出如果这两个要求不能满足的话，就集体辞职。

发生这场劳资纠纷的原因有两个：一是员工对公司劳动条件和待遇的不满。创业当初京瓷虽然规定劳动时间从早上 8 点至下午 5 点，但是实际上几乎每天都要加班，不只是星期六和星期日，有时甚至节假日都要加班。这样频繁的加班，造成了员工的不满；二是跟当时的社会经济大环境有直接的关系。一方面，第二次世界大战之后日本成为民主国家，随之而来的是社会主义思潮的兴起，在这种环境下劳资对立愈发激烈，劳资纠纷时常发生。劳动者只是一味地强调自己的权利，而不考虑经营者的烦恼和困难。另一方面，经营者中也有不少人只把劳动者看成是赚钱的工具。特别是在当时的京都，左派革新势力非常强大，劳资对立相当激化。

参加劳资谈判的公司方代表是稻盛和夫。对于员工的第一项要求，公司承认是自己的失误，答应马上实行月工资制度。问题在于第二项要求，稻盛和夫同员工们整整谈判了三天，总算是说服了员工，把问题解决了。可是，这次劳资纠纷彻底改变了稻盛和夫对于企业的性质和意义的看法。他深刻地认识到企业的最根本的目的是保障员工的生活。他在书中曾经这样写道（稻盛和夫，2006）："在创业的时候，我怀着一个梦想，那就是用自己的技术制造出产品，销往全世界。但是，通过这次劳资谈判我切身地意识到，这种工程师的梦想难以得到员工的理解，也就难以经营好一个企业。我原本是为了实现一个工程师的梦想而创办了京瓷，然而员工在加入京瓷的同时，也把自己的一生交给了京瓷。因此，京瓷有着比实现我的梦想更为重要的目的，那就是保障员工及其家属的生活，实现幸福人生。我的使命就是带领员工们实现幸福的人生。所以，我把京瓷的经营理念定为：在追求全体员工物质和精神两方面的幸福的同时，为人类社会的进步发展作出贡献。这样，京瓷作为一个以追求全体员工幸福，贡献人类社会为目标的企业，其存在意义就非常明确了。从那以后，员工们把京瓷当作自己的企业，就像自己企业的经营者一样努力地工作。我与员工们的关系也不再是经营者和劳动者的关系，变成了为了同一个目的共同奋斗的同志关系。这样，全体员工之间形成了相互信赖的真正的伙伴关系。"

稻盛和夫认为人生和事业的成功的大小取决于三个要素：一是思维方式，二是热情，三是能力。人生和工作的结果与三个因素的关系可以用下面的公式来表示（稻盛和夫，2014）。

$$人生与工作的结果 = 思维方式 \times 热情 \times 能力$$

其中，热情和能力用数字表示的话，其值域是 0~100，思维方式的值域是 -100~+100。这个公式里包含着两个重要含义，一是因为人生与工作的结果取决于三个要素的乘积，所以每个要素都对结果产生重要的影响。因此，这三个要素在人生和事业中是缺一不可的。二是因为思维方式的值域从 -100 到 +100，所以思维方式对人生与工作的结果有着决定性的影响。所以，三个要素中思维方式是最为重要的。所谓思维方式实际上就是人生观和价值观，即人生哲学。

如上所述，京瓷的发展之路绝不是一帆风顺的，而是克服了种种困难险阻，取得了今天的辉煌业绩。在这个过程中，从稻盛和夫对事业和人生的自问自答中诞生了被称为京瓷哲学的独特的经营哲学。

按照稻盛和夫的解释，京瓷哲学主要内容可以概括为两项：第一项内容是关于人生观和价值观。一个人要想度过美好的一生需要做到以下几点：一是通过培养爱、真诚及和谐之心，提高自己的心性。二是要探究事物的本质，贯彻完美主义，凡事精益求精。三是把利他主义作为判断事物的标准，公私分明，公平竞争。四是坚持信念，勇于挑战，成为开拓者。五是要时时反省，思考人生。第二项内容是关于事业和经营。要想搞好企业经营必须做到以下几点：一是要以心为本开展经营，光明正大地追求利润。二是贯彻顾客至上主义，实力主义。三是实现全员参与经营，人人都是经营者。四是在日常工作中，贯彻现场主义，提高核算意识（稻盛和夫，2014）。

京瓷哲学从正面回答"作为人何为正确？""人为何活着？"这样的根本问题，它既是人生和事业的指南，同时也是推动京瓷发展到今天的动力之源泉。

（二）单位时间核算制度

京瓷创业之初虽然只是一个无名的地方小企业，然而由于在创立之前就已经拿到了电视机显像管用零件的订单，所以第一年就创造了可观的利润，实现了开门红。可是，要想持续地提高业绩水平，其前提条件是不断地增加订单。因此，1960 年 4 月开设了东京营业部。与此同时，建立了经营会议制度，即每个月在公司总部召开一次由各个部门负责人参加的被称为产销会议的经营会议。在这个会议上，用于讨论的资料包括订单实绩和执行率、生产预定、生产实绩及其执行率、月末订单积压、交货期延迟表、产品成品率表等。

创立当初的总部工厂临时借用了一家叫做宫本电机的企业的部分厂房，其面积最多只能容纳 120 名的员工进行工作。两年之后，总部工厂的空间已经全部被利用，需要兴建新的厂房。于是在 1962 年 10 月，公司在滋贺县蒲生町这个地方购买了一块土地，1963 年 5 月建成了滋贺工厂。随着新工厂的开业，挤压、冲压等生产部门搬到了滋贺工厂。切削加工、研磨加工等开发试制部门仍然留在总部工厂。这样制造部门分成了总部工厂和滋贺工厂两块，如何把握两个工厂的经营业绩就成为一个迫切需要解决的问题。可是问题是批量生产部门与开发研制部门在生产效率和盈利能力方面当然会有所不同，所以无法单纯地进行比较。于是，在 1963 年 7 月的产销会议上，滋贺工厂的厂长除了提交原先的会议资料，又增加了有关工作天数、工作人数、工作时间、人均产值、单位时间产值等资料。从 1964 年 4 月开始，总部工厂的厂长也计算本厂的人均产值及单位时间产值，作为资料提交给产销会议。在那以后，这些资料都被提交到每月的产销会议上，用来考察和比较总部工厂和滋贺工厂的经营状况。

可是，用产值进行比较的话总部工厂总是比较低，因此就想到采用更为公平的附加价值（即从产值中减去原材料成本，各种费用等的差）以及人均附加价值、单位时间附加价值等指标。1965 年 1 月，这些指标作为产销会议的资料首次被提交使用。表 2-1 是当时总部工厂提交给产销会议的有关资料。

表 2-1　　　　　　　　总部工厂产销会议资料

（总部）第一制造部		第二制造部	
总产值（销售收入）	4123 千日元	总产值（销售收入）	2931 千日元
原材料费用	125 千日元	磁管购入费用	2057 千日元
工厂消耗费用	255 千日元	金属零件夹具购入费用	250 千日元
费用　电力	166 千日元	工厂消耗费用	254 千日元
煤气	68 千日元	工厂费用（动力）	31 千日元
外包加工费	270 千日元	外包加工费	75 千日元
合计	884 千日元	合计	2667 千日元
附加价值	3239 千日元	附加价值	265 千日元
人数	36 人	人数	22 人
总时间	7787 小时	总时间	4542 小时
人均附加价值	89972 日元	人均附加价值	12045 日元
单位时间附加价值	416 日元	单位时间附加价值	58 日元

资料来源：引自青山政次（1987），第 205 页。

表 2-1 中的有关附加价值的三个指标的计算方法如下：

附加价值 = 产值(销售收入) - (原材料费 + 费用 + 外包加工费等)

人均附加价值 = 附加价值 ÷ 人数

单位时间附加价值 = 附加价值 ÷ 总时间

1965 年 2 月和 3 月，总部工厂也同样将上面的资料提交给了产销会议。稻盛和夫连续三个月看了这些资料，意识到其重要性。于是，就指示滋贺工厂从 4 月起像总部工厂一样计算和提交人均附加价值和单位时间附加价值的资料。就这样从 1965 年 4 月起，上述资料成为产销会议的重要资料。后来，从部门之间比较的观点来看，人均附加价值这项指标没有太大的意义，所以改成只用单位时间附加价值作为部门之间比较的指标。这可以说是阿米巴经营的构成要素（单位时间核算制度）的原型。

单位时间核算制度最初是在总部工厂的第一制造部、第二制造部，滋贺工厂的第一制造部、第二制造部、第三制造部施行，后来加以改良在销售部施行。也就是说，单位时间核算最早是评价生产部门效率的指标，后来逐步用于销售部门，最终成为全公司共同的经营指标。有了这套制度，各个部门的参加者可以在销售会议上，用同一个共同的尺度评价和讨论相互的经营内容，这就大大地促进了企业整体绩效的提高。就这样，稻盛和夫与各个工厂的负责人一道，设计出可以把握企业经营实际状态的共同指标，建立了独具特色的单位时间核算制度。

（三）作为独立核算小集团的阿米巴组织

刚刚成立的时候，像一般的中小企业一样，京瓷的组织体制采用的是以制造部门和销售部门为中心的职能制组织形式。因为一开始京瓷的干部和员工人数加起来只有二十几人，稻盛和夫作为企业负责人，既要负责产品的开发，又要指挥生产和销售，虽然很辛苦，但是还是能够得心应手地使整个企业正常的运转。创业后的京瓷，借助当时的电视机等家用电器开始在日本普通家庭中普及，市场不断扩大的东风，一帆风顺地发展起来。在短短的几年内，员工人数也从几十人迅速地增加到几百人。当员工人数超过一百人的时候，稻盛和夫开始感到单靠他一个人，无论如何拼命地工作，也难以把握公司的全局，管理好整个企业了。这时候他就想到，这一百多人既然我一个人管不过来，那就把企业组织划分成多个小集团，每个小集团二三十人的话，就很容易找出合适的人选作为小集团的负责人，让他在负责经营自己的小集团的实践中，提高经营水平，成为具有经营才能的管理人才。

基于这种思路，稻盛和夫对规模逐渐变大的京瓷的组织结构进行了大胆的改革。将整个企业组织划分成多个小的集团，每个小集团就像一个小企业一样独立核算，自主地经营各自的事业。组织划分方法是本着便于独立核算并适应经营环境的原则，按照产品、工序来划分小集团，使其成为独立自主的经营单位。随着经营环境的变化，每个小集团可以分裂或者增生，所以被形象地称为阿米巴。因此，这种以独立核算小集团为特征的经营管理方式被称为阿米巴经营，一直沿用至今。值得注意的是，阿米巴组织形式是在京瓷从一个中小企业向大企业发展的过程中导入的，它的导入给京瓷带来了两个益处。一个益处是避免了通常大企业会出现的组织官僚化，即所谓大企业病。另一个益处是增强了企业适应经营环境变化的能力，就像生物体一样，通过细胞（阿米巴）的新陈代谢和自我繁殖，始终保持整个生物整体（企业）的活力。

毫无疑问，每个阿米巴要独立核算自主经营，阿米巴的负责人必须及时地了解自己的阿米巴的经营状况，以便根据具体情况制定改善和提高经营业绩的措施。这就要求必须有相应的测定和评价阿米巴经营状况的损益核算方法。与一般企业中经常采用的考核成本中心或者利润中心的方法不同，阿米巴组织采用的业绩核算方法是前面提到的单位时间核算制度。这个单位时间核算制度有两个重要特点：一个是用单位时间附加价值作为业绩评价指标，非常适于作为共同的尺度，来评价和比较不同阿米巴的业绩状况；另一个是单位时间附加值指标的计算方法非常简单，不仅阿米巴负责人，而且每个阿米巴成员都能够理解其含义。而且通过这个指标可以及时地了解自己所在阿米巴的经营状况，有利于激发每个成员参与经营的热情和动力。因此可以说单位时间核算制度特别适合用于阿米巴业绩的评价和管理。

从上述介绍中可以看到，阿米巴经营是在京瓷几十年的历史发展过程中，为了适应外部经营环境和企业自身发展的需要而创造的经营管理体系。作为阿米巴经营组成部分的三个要素不是相互独立的，而是相互联系的。阿米巴经营是京瓷理念和哲学、阿米巴组织和单位时间核算制度的有机结合的产物，是推进京瓷健康可持续发展的动力。

第三节 对阿米巴经营研究的综述

如前所述，阿米巴经营是京瓷创立者稻盛和夫在20世纪60年代中期至70年代初通过不断地实践总结出的一套经营管理方法。起初，这套方法作为京瓷长盛不衰的法宝，被视为企业的商业秘密而秘不外传，因此在很长一段时期不为京瓷以外的人所知。只是进入80年代以后，才开始有人写文章刊登在商业杂志上，文章中简单地介绍了阿米巴经营的一些做法。后来，也出现了比较详细地介绍阿米巴经营做法的商业书籍。

然而，阿米巴经营开始真正受到管理会计学者的瞩目是在80年代末90年代初。当时，日本管理会计学者浜田和树撰写了一篇文章在学术杂志上发表，该文章认为阿米巴经营是一种有效的利润管理手法（浜田和树，1989）。随后有多位日本著名学者用英文合写了一本介绍日本企业管理会计的专著，其中有一章节介绍了阿米巴经营（Monden and Sakurai，1989）。这样就引起了欧美管理会计学者的注意，进入21世纪前10年阿米巴经营逐渐成为包括日本在内的西方管理会计学界的一个重要研究课题。近年来，阿米巴经营也引起了国内学者的瞩目，成为国内管理会计研究领域的一个热门题目。

在这里，分别对国内外的阿米巴经营研究做一个全面的综述，为下一节构建阿米巴经营的理论基础做一个准备。

一、国外对阿米巴经营的研究

在西方管理会计学界，最早试图研究分析阿米巴经营的是美国管理会计学者库柏（Robin Cooper）。库柏在20世纪90年代初，为了探讨日本企业管理会计实践的特点，对包括京瓷在内的五家日本企业进行实地调研。通过这项调研，他发现这些被调查企业有一个共同的特点，就是把整个企业划分成众多的很小的利润中心进行经营管理，而且都取得了良好的效果。于是，他创造了一个新的概念——微利润中心（microprofit center）——来分析解释这些企业的经营管理方式（Cooper，1995）。他认为这些企业的经营管理方式的好处在于：将公司整个组织划分成小规模的单元，每个单元成为一个利润中心，有利于增强企业的活力。因为每个单元规模很小，所以容易适应环境的变化，并易于激励单元负责人花精力考虑如何提高本单元的效益。库柏根据调查结果认为在上述五家日本企业中，京瓷的阿米巴经营是最为成熟和成功的微利润中心管理模式。他把京瓷的阿米巴经营与丰田的成本企划视为日本式管理会计的主要组成部分。

由于阿米巴经营诞生于日本，所以目前关于阿米巴模式的研究成果，多数是由日本学者主导或参与作出的。按照研究着眼点的不同，现有的研究可以分为下面四个类型。

第一类型的研究着眼于微利润中心这一概念，其代表性研究者是神户大学的三矢裕教授。三矢裕（2003）在高度评价库柏提出的微利润中心的分析框架的同时，也指出了微利润中心这一概念中存在的问题，然后通过对京瓷进行详细的实地调研和对京瓷集团下属企业的案例分析，提出阿米巴经营是一种运用京瓷哲学，阿米巴组织，单位时间核算来培育企业家型人才的经营管理模式。

第二类型的研究着眼于阿米巴经营的组织构造。上总康行和泽边纪生（2005）认为阿米巴经营的组织结构是按照直线职权原理编制的。直线部门是产生利润的利润中心，参谋部门是不产生利润的成本中心。而直线部门又分为制造部门和销售部门，分别被称为制造阿米巴和销售阿米巴，两者都是利润中心，然后再把制造阿米巴划分成若干个更小的阿米巴，直到不能再划分为止。销售阿米巴也同样地划分为最小核算单位。上总康行和泽边纪生（2005）将阿米巴经营的上述组织结构与美国著名学者钱德勒（A. D. Chandler）提出的大企业组织发展模型进行了详细地比较分析，阐明了阿米巴组织的优势所在。

第三类型的研究主要着眼于阿米巴经营的整体最优化原理。代表性的研究包括谷武幸（1999，2005），上总康行和泽边纪生（2006），上总康行（2010），卜志强（2009，2013）。谷武幸（1999）认为阿米巴经营是通过组织文化、共同的会计语言、市场信息的横向和纵向共享，实现了真正的赋权，使得每个阿米巴能够自主经营。谷武幸（2005）进一步分析了阿米巴经营的放权经营，单位时间附加值核算、一一对应原则、PDCA循环等各个要素是如何促使阿米巴成为以企业整体最优化为目标的自主经营组织的。上总康行和泽边纪生（2006）提出阿米巴经营的一个重要机制是利润链管理，这种利润链管理通过"速度连锁效果"和"剩余能力相互借用"来避免机会损失，实现整体最优化。上总康行（2010）认为阿米巴经营模式是由阿米巴组织、以单位时间核算为基础的管理会计制度而构成。单位时间核算是阿米巴组织中核心的会计概念。单位时间核算的具体计算方法是，首先按部门类别进行核算，即每一个阿米巴组织的销售收入与费用相配比，接着将部门核算的结果用总劳动时间相除，获得单位时间阿米巴组织的核算结果。上总康行（2010）指出单位时间核算得出的收益减去计时工资之差就是单位时间净利润；生产部门的阿米巴组织与经营部门的阿米巴组织本着规避机会损失的内在要求，会形成一个共同的价值链，进而推进阿米巴组织的管理效率，实现公司整体利益的最大化。卜志强（2009，2013）通过分析对比海尔的市场链管理与京瓷的阿米巴经营模式，指出两者在具体操作上虽然有所不同，但是它们在本质上有着一个共同之处，那就是两种模式都是旨在通过将市场机制引入企业内部，实现从局部最优化到整体最优化的目的。

第四类型的研究主要着眼于分析阿米巴经营的管理会计的本质特征。水野一郎（2008）认为京瓷的阿米巴经营是实施附加价值管理会计的典型案例，京瓷的管理会计即单位时间核算制度的本质在于它具备附加价值管理会计的特征。卜志强（2017）通过分析探讨阿米巴经营及单位时间核算制度的特征，指出京瓷的阿米巴经营是一种以人为本的经营管理模式，京瓷的管理会计是人本管理会计的典范。然后，进一步比较分析了人本管理会计与传统管理会计的不同之处。

二、国内对阿米巴经营的研究

与国外相比，由于国内学术界对阿米巴经营模式的研究起步比较晚，所以相对而言这方面的研究成果，尤其是理论型研究成果还不多。公开发表的研究型论文主要有刘方龙和吴能全（2014），刘湘丽（2014）。这两篇论文分别从制度经济学和产权安排以及组织利益协调的视角，对阿米巴经营进行了有益的探讨。

刘方龙和吴能全（2014）采用案例研究方法，以京瓷的阿米巴经营模式为基础，从企业内部产权的界定视角解释其内部激励及企业绩效机制，并提出了虚拟产权的概念。作者认为阿米巴经营模式是建立在企业内部虚拟产权的动态界定之上的，通过内部竞争市场机制、正式或非正式制度等进一步降低组织内部的交易成本和代理成本，并采用单位时间核算制确认内部虚拟产权收益，提高每个阿米巴组织预期收益的匹配度和时间效应，不断激发阿米巴组织领导和员工的努力水平，从而使得企业绩效最大化。

刘湘丽（2014）从组织局部利益与整体利益的协调机制的角度，对阿米巴经营的利益协调机制进行了探索。当一个组织内部存在众多有各自利益的主体时，是不是有一个有效的机制消除组织内部的利益冲突，将局部利益与整体利益协调一致，是组织成败的一个关键因素。作者认为京瓷的阿米巴经营实践显示，对以阿米巴为典型代表的自我管理团队的控制，不能是以往的指令型控制，而应该是兼顾各局部组织之间利益的协调式控制。京瓷的阿米巴管理不是仅用一个手段，而是运用了一个完整的系统来协调组织内部的利益冲突。这个系统包括绩效管理制度、争议处理规则、价值观教育、信息互动机制四个部分。虽然每个部分有着不同的目的与特点，并且单独使用时所起到的效果有限，但把它们结合起来后产生了互补作用，使整体效果得到了加强。

三、有关阿米巴经营的现有研究中存在的问题

综上所述，阿米巴的研究和应用在国内外学术界和实务界已经取得了一些成果，但是不论在理论深度上还是在应用广度上都有很大的空白等待填补。从理论方面来看，目前的研究虽然从不同的侧面分析归纳了阿米巴经营的一些特征和机制，可是还没有能提出一个适合分析阿米巴经营的完整的理论分析框架。从应用方面看，虽然许多日本企业成功地导入了阿米巴经营模式，但是也有不少不成功的或者失败的实例。到底怎样才能顺利导入阿米巴经营并且取得良好的绩效，仍然有许多的课题有待解决。尤其是在日本以外的经营环境下怎样才能使阿米巴经营在企业中落地生根、开花结果，目前尚没有一个确切而完整的答案。因此，我们认为构建阿米巴经营的理论基础不仅在发展经营管理学和管理会计学理论方面具有重要的理论意义，而且能够促进阿米巴经营在中国企业中更为广泛的应用。

第四节 管理控制系统理论的基本内容及其前提假设

为了从理论方面阐明阿米巴经营的本质特征和作用机制，在全面深入地分析探讨现有国内外有关阿米巴经营的理论研究和案例研究文献的基础上，借鉴现代管理控制系统理论，提出一个完整的具有整合性的分析阿米巴经营模式的理论框架。我们认为从本质上讲阿米巴经营模式是一种以人为本的管理控制系统，在此称为人本管理控制系统。在本节中，首先探讨管理控制系统理论的基本内容及其前提假设，然后在此基础上构建作为阿米巴经营的理论基础的人本管理控制系统理论。

一、管理控制系统理论的基本内容

管理控制系统是哈佛大学商学院教授罗伯特·安东尼（Robert N. Anthony）在20世纪60年代中期提出的一种经营管理理论，经过他本人和其他学者的不断开拓，管理控制系统已经成为一个独立的学术研究领域。Anthony 和 Govindarajan（2007）是管理控制系统理论的集大成之作，它详细阐述了现代管理控制系统理论。其主要内容可以归纳如下：

首先，任何组织都是由一群为了某个共同的目标而聚集在一起而工作的人组成的。通常，由不同层次的经营管理者来管理一个组织，最高层是总经理，下面是业务单元，部门，职能等的管理者，形成一定的等级体系。组织的复杂程度决定等级体系的层数。除了总经理以外，所有的管理者都既是上级又是下级。他们监督本部门的人员，同时又被自己的上级监督。总经理或者最高管理层团队负责决定组织总体战略，并保证组织实现目标。管理控制过程就是各级管理者确保其所监管的人员实施其目标战略的过程。管理控制涉及各种各样的活动，包括：（1）计划组织应该做什么；（2）协调组织各个部分的活动；（3）交流信息；（4）评估信息；（5）决定应该采取的必要行为；（6）影响人们改变行为。

管理控制必须与战略制定和任务控制区别开来。图2-1显示了战略制定、管理控制、任务控制三者之间的关系。

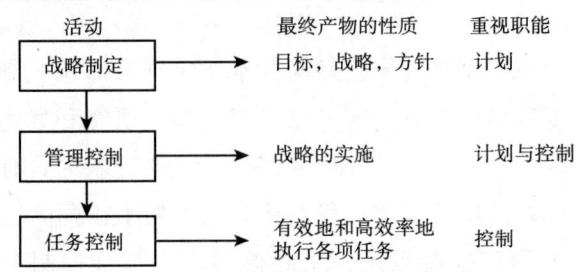

活动	最终产物的性质	重视职能
战略制定	目标，战略，方针	计划
管理控制	战略的实施	计划与控制
任务控制	有效地和高效率地执行各项任务	控制

图2-1　战略制定、管理控制、任务控制之间的关系

资料来源：根据 Anthony and Govindarajan, 2007, p.7. EXHIBIT 1.2 笔者修改。

在图 2-1 中，安东尼把企业组织中的经营管理活动分成三个层次，第一层是战略制定，第二层是管理控制，第三层是任务控制，这三个层次分别对应高层管理者，中层管理者，基层管理者。战略制定是指确立组织目标及实现目标的战略的过程，其最终产物的性质是目标、战略以及方针，战略制定最重视计划职能，是高层管理者的主要工作。战略目标是指组织的总体目标，比如许多企业把实现令人满意的投资报酬率或者获得巨大的市场份额作为战略目标。战略是宏大而重要的计划，概括地表述经营者希望组织发展的方向。一般来说，只有在洞察到威胁（如竞争者抢占市场、消费者偏好转变）或者机会（如技术上的创新、开发出现有产品的新应用领域）的时候，才需要制定战略。

管理控制是指管理者通过影响组织的其他成员来实施组织战略的过程，其最终产物的性质是战略的实施，管理控制既重视计划职能也重视控制职能，是中层管理者的主要工作。任务控制是指即保证效果又保证效率地完成规定任务的过程，其最终产物的性质是有效地和高效率地执行各项任务，任务控制最重视控制职能，是基层管理者的主要工作。管理控制系统理论主要涉及第二个层次，管理控制过程的主要内容包括战略计划、预算编制、财务业绩分析报告、业绩计量、管理层薪酬等。

管理控制与战略制定的主要区别在于三个不同点：第一个不同点是过程阶段的不同。战略制定是确定新的战略的过程，管理控制是实施战略的过程，两个过程是前后相接的不同阶段。第二个不同点是系统性的不同。从系统设计的角度来看，战略制定本质上是非系统性的。威胁、机会、创意不会定期的发生，因此战略决策可能在任何时间制定。而且随着战略的性质不同，战略分析也不同。战略分析涉及许多的主观判断，分析过程中用到的数据通常只是粗略的估计。相比之下，管理控制更具有系统性。因为管理控制过程包括一系列步骤，而这些步骤是按照大体固定的时间表和可靠的估计，以可以预见的顺序发生的。第三个不同点是涉及范围的大小不同。战略制定过程通常只有组织内部为数不多的人，比如创意发起人、总部职员、高层管理者等参与，涉及范围较窄。与此相比，管理控制过程的参与者则包括组织各个层次的管理者和员工，因此其涉及的范围比较广阔。

　　管理控制与任务控制之间也存在四个不同之处。第一个不同是在科学性方面。许多任务控制系统是科学的，就是说可以用严格的数学公式来描述。而管理控制无法完全科学化。因为，管理控制涉及管理者的行为，而这是无法用严格的公式来表达的。因此，适用于任务控制的原理方法是不能运用到管理控制上的。第二个不同是在组织成员关系方面。在管理控制中，管理者要与其他管理者相互配合，相互影响；而在任务控制中，要么是管理者与非管理者之间互相配合、互相影响，要么就像自动化生产流程那样根本不涉及组织成员之间的关系。第三个不同是在关注焦点方面。在管理控制中，关注的焦点是组织的各个单位；而在任务控制中，关注的焦点则是这些组织单位执行的具体任务。第四个不同是在决策方面。在管理控制中，需要管理者在企业战略的总体约束下，制定行动方案；而任务控制则涉及具体的任务，大多数任务的执行很少或者根本不需要决策。

　　为了描述管理控制在战略实施中的作用，安东尼提出了一个战略实施的框架（见图2-2）。管理控制系统有助于管理者引领组织实现战略目标，管理控制关注的核心是战略执行。从图2-2可以看到，管理控制只是实施预期战略的工具之一，战略还可以通过组织结构，人力资源管理，企业文化来实施。组织结构的作用是明确那些会影响组织内部决策的职能，报告关系以及职责划分。人类资源管理是指通过员工的选聘、培训、考评、晋升和解聘，开发为实施组织战略所需要的知识和技能。企业文化是指显性地或者隐性地指导管理行为的共同的信念、态度和规范。这个战略实施框架表明管理控制、组织机构、人力资源管理、文化是实施战略的必不可少的四个要素，它们之间相互联系并相互影响，通过这四个要素实施企业战略，取得高水准的业绩，达成企业的目标。

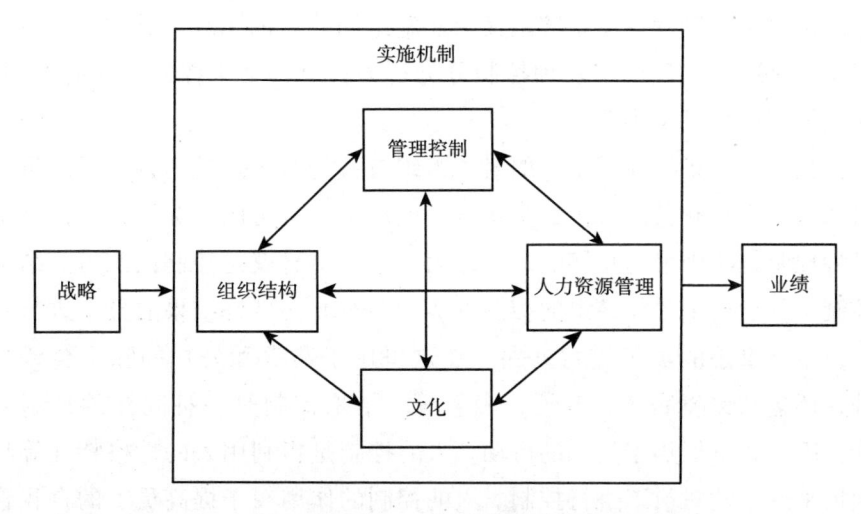

图 2-2　战略实施框架

资料来源：引自 Anthony and Govindarajan, 2007, p.8. EXHIBIT 1.3。

最初安东尼提出管理控制系统的概念并构建管理控制系统理论的时候，直接借用了许多管理会计的概念和内容。在后来的发展中，虽然在内容上经过多次调整，安东尼的管理控制系统理论的核心内容仍然与管理会计密切相关，比如预算编制、业绩分析、业绩计量等。可是，实施组织战略的工具除了管理会计系统以外，还有许多非会计控制手法，而且这些手法在企业的实践中被广泛地使用。因此，安东尼提出管理控制系统的概念之后几十年来，欧美的管理会计学者们从不同的角度对管理控制系统理论进行了深入的研究。其中有些研究者试图构建一个包括会计以外的管理控制手法的管理控制系统理论。其中最有代表性的学者是美国南加州大学商学院教授麦钱特（K. A. Merchant）和哈佛大学商学院教授西蒙斯（Roberts Simons）。他们的研究工作从不同的侧面丰富和拓展了管理控制系统理论。

麦钱特从探讨组织的经营管理中的控制职能出发，提出了基于控制对象的管理控制系统理论（Merchant, 1982; Merchant and Van der Stede, 2003）。这个理论的主要内容可以归如下：首先，与安东尼的理论一样，该理论也是把管理控制系统定义为实施组织战略的工具。其次，以控制对象为基准，该理论将管理控制分为行为控制，结果控制，人的控制，文化控制四种基本类型。

行为控制是指使员工采取对于组织有益的行为。就是说，强制员工做那些对组织有益的行为，禁止员工做对组织有害的行为。行为控制是各种控制方法中最为直接的一种，因为行为本身就是控制的焦点。结果控制是基于员工工作结果的控制方法。即对取得良好结果的员工进行奖励，对结果差的员工进行处罚。在这里用于奖赏和处罚的除了金钱之外，还包括保障雇用，升迁，表彰等。结果控制是一种间接的控制方法，因为它不聚焦于员工的行动。人的控制是指利用人的性格特征等与生俱来的个性对员工进行控制。人的控制的作用在于提高员工的自我管理意识。所谓自我管理指通过人的内部动机和伦理、道德、信任、忠诚进行管理。文化控制是指利用组织文化进行控制。组织文化由共同的传统、规范、信念、价值观、行为方式等构成。组织文化无论是已经明文化的形式，还是只是一种默认的东西，都会对组织的成员产生影响。人的控制和文化控制有一个共同点，即都是聚焦于人本身，可是它们之间有着本质的区别。人的控制着眼于提高员工的自我管理意识，与此相对照，文化控制重视的是提高员工的相互管理意识。在以上的四种控制方法中，结果控制是最为重要和最为常用的控制方法，其他三种方法起到补充和完善结果控制的作用。

西蒙斯通过探讨控制系统在战略形成中的作用，提出了控制杠杆（levers of control）的概念（Simons，1995）。他首先把管理控制系统定义为：管理者用来维持或者变更组织行为模式的，基于正式信息的程序和手续。其次，提出了一种有效地实施经营战略的管理控制系统。这个管理控制系统由信念系统、边界系统、诊断型控制系统、交互式控制系统四个子系统构成。图2-3显示了这个管理控制系统的基本框架。

信念系统明确地定义组织的基本价值观、目的和方向，用于刺激对新机会的探索，引导方向。它的作用是传达组织的核心价值，即组织如

```
            信念系统                           边界系统
                ↖                             ↗
             ┌────────┐                  ┌──────────┐
             │ 核心价值 │                  │应该规避的风险│
             └────────┘                  └──────────┘
                      ╲                 ╱
                       ┌──────────┐
                       │  经营战略  │
                       └──────────┘
                      ╱                 ╲
             ┌──────────┐               ┌──────────┐
             │ 战略不确定性│               │重要业绩变量│
             └──────────┘               └──────────┘
                ↙                             ↘
           交互式控制系统                    诊断型控制系统
```

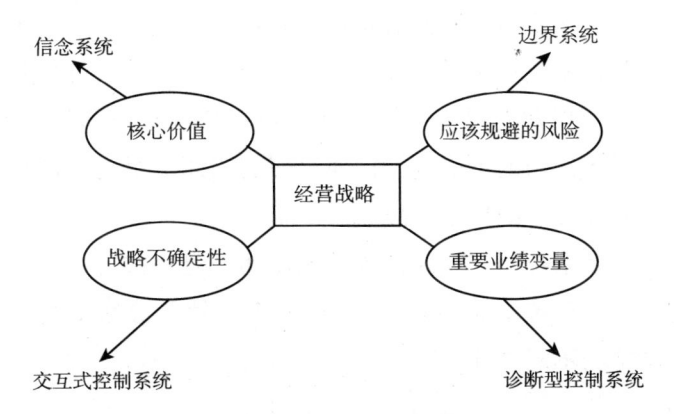

图 2-3　西蒙斯管理控制系统的基本框架

资料来源：引自 Simons（1995），p.7，Figure1.2。

何创造价值，组织追求的业绩水平，以及组织如何实现长期的价值。当战略实施中发生问题时，员工自己可以根据信念系统，判断应该处理什么样的问题，怎样解决问题。边界系统的作用是厘清组织成员的可以接受的活动范围，它告知员工哪些行动是允许的，哪些是不允许的，对行动加以限制并以此规避风险。根据已经确定的商业风险，对寻找机会的行为加以一定的限制。

信念系统和边界系统都是管理者用以保持或者改变组织活动的模式的、正式的、基于信息的常规和手续。信念和边界两个杠杆一起使用，会产生阴阳两种作用力。其结果是在保证与惩处之间的一种动态的紧张状态。管理控制系统把无限的机会空间转化为一个特定的集中领域，并鼓励组织成员开拓这一领域。要想理解如何设计信念系统和边界系统使其支持经营战略，必须分析核心价值和事业风险这两个关键变量。信念系统和边界系统对于组织的成长是至关重要的，随着机会的拓展和对业绩要求压力的增大，一个清晰的信念系统和有强制力的边界系统会变得愈加重要。

诊断型控制系统是正式的信息系统，它是用来监测组织的结果，把握结果与计划之间的偏差，并采取措施消除偏差的。这个系统与预算管理相对应，主要用于激励并监视特定目标的达成，并给予报酬。所谓管理控制基本与诊断型控制是同一个概念。交互式控制系统也是一个正式的信息系统，管理者借用这个系统有规则地亲自参与部下的决策行动。这个系统着眼于战略的不确定性，通过引起组织成员之间的讨论，促进组织学习以及促使新的想法和战略的产生。

诊断型控制系统与交互式控制系统虽然都是正式的信息系统，但是它们之间存在着许多本质的差异。表2-2比较了诊断型控制系统与交互式控制系统的不同之处。

表2-2　　　　诊断型控制系统与交互式控制系统的比较

比较项目	诊断型控制系统	交互式控制系统
战略指向	目标	愿景
聚焦点	重要业绩变量	战略的不确定性
目的	为达成目标提供动机和方向	促进对话与组织学习
意图	正常运行	创造性探索
分析推理方式	演绎式（依靠仪表飞行）	归纳式（依靠感觉飞行）
系统复杂性	复杂	简单
时间框架	过去和现在	现在和将来
目标	固定	随时重估
反馈	负反馈	正反馈
调整点	投入或过程	双循环学习
沟通	减少谈话的必要	提供共同语言
员工角色	关键守门员	诱导者

资料来源：根据Simons（1995），p.124, Exhibit 5.3，笔者修改。

以上四个控制系统都是实施经营战略的有力工具，在经营战略实施过程中发挥各自不同的作用。表2-3显示了四个控制系统的目的，传达内容，以及在战略控制中的作用。

表 2-3　　　　　　　　四个控制系统与经营战略的关系

控制系统	目的	沟通内容	战略控制的作用
信念系统	授权与扩大机会探索活动	愿景	展望
边界系统	提示自由的界限	战略领域	竞争位置
诊断型控制系统	调整和监视所定战略实施	计划与目标	计划
交互式控制系统	刺激和引导战略	战略的不确定性	行动模式

资料来源：引自 Simons（1995），p. 156，Exhibit 7.1。

二、传统管理控制系统理论遗留的课题

以上内容对迄今为止有关管理控制系统的主要著述做了一个全面的介绍。下面将对这些研究的成果和尚存在的问题做一个评述。

从上面的介绍可以看出，当初安东尼的管理控制系统理论直接借用了许多管理会计的概念，基本上是在预算管理、业绩评价等概念的基础上构筑起来的。在那之后，通过包括安东尼本人，麦钱特和西蒙斯等众多的管理会计学者的研究工作，管理控制系统的研究领域和范围不断扩大，理论体系也日趋完善。如今它已经成为融合了会计理论和经营管理理论的一个交叉型应用学科，也是当今欧美商学院教学体系中的一个重要课程。但是，作为一门仍在蓬勃发展中的研究领域，管理控制系统的理论中仍然有不少课题有待进一步的研究。

第一个重要的课题是管理控制系统与管理会计的关系问题。关于两者之间的关系，迄今为止有两种见解。一种见解认为，管理控制系统在概念上与管理会计的意思大致相同。比如有研究者指出：在现有的研究文献里，管理控制系统、管理会计、会计信息系统等概念在意思上几乎没有大的差别（Chenhall，2003）。欧美的许多管理会计教科书中也把管理控制系统与业绩管理会计当作同义语来使用。比如美国著名管理会计学者霍恩格伦（Charles T. Horngren）等在其编著的一本非常有名的管理会计教科书中，就把管理控制系统与预算管理，责任会计等并列作为其

主要内容之一（Horngren and Sunden and Stratton，2005）。另一方面，20世纪90年代以后，管理会计的研究从深度和广度上都呈现出新的格局，即在理论研究不断深化的同时，研究领域范围也有所扩展，其结果是出现了一些新的管理会计方法。其中代表性的方法有作业基准成本法（ABC），作业基准管理（ABM），战略管理会计，平衡计分卡（BSC）。可是，既然管理会计是一种会计手法，其研究领域的扩大必然有其局限性。因此，将管理控制系统等同于管理会计就意味着限制了管理控制系统的研究范围。

另一种见解认为，管理控制系统是比管理会计含义更广的概念。其理由是管理控制系统不仅包括用会计手段进行管理控制的方法，而且也包括用文化进行控制的方法，以及通过氏族关系进行控制的管理控制方法。基于上述理由，笔者赞同这种广义的解释。然而，这种见解也有它自身的问题需要厘清。一个问题是管理控制系统概念的外延如何界定，毕竟不可能把管理控制系统的概念无限地扩大。另一个问题是管理控制系统究竟由哪些控制手法构成，以及各个手法之间存在着怎样的关系。

无论安东尼管理控制系统理论框架还是麦钱特的基于控制对象的管理控制系统理论，都把管理控制系统定义为实施经营战略的工具，然而并没有提及是否所有的战略实施工具都包含在管理控制系统之中。根据西蒙斯的控制杠杆理论，管理控制系统是管理者用于维持或者变更组织行为模式的，基于信息的正式程序和手续。这个定义把管理控制系统限定为基于信息的正式系统，以此把氏族控制排除在管理控制系统之外。为了解决这个难题，近年来管理会计研究学者马尔米和布朗（Malmi, T. and D. A. Brown）提出了管理控制系统包的概念。按照他们的概念框架，管理控制系统被定义为经营管理者用来使员工的行为和决策与组织的目标和战略相一致的所有的机制（Malmi and Brown，2008）。按照这个定义，迄今为止被研究探讨过的控制工具或方法几乎都被包含在其中。可是这样一来，就必须搞清楚下面的问题：构成管理控制系统的各个控制手法之间存在着怎样的关系？它们之间存在不存在整合性？

根据马尔米和布朗的说法，管理控制系统包是指这样一种现象，即组织中往往存在多个控制系统，而这些系统作为一个系统包而发挥作用。因为，在很多的情况下这些系统并非最初按照某种意图有意地设计出来，所以与其看作是一个管理控制系统，不如看作是一个系统包。可是问题是，如果这个系统包中的各个控制手法各自独立地发挥其作用，它们之间没有某种整合性的话，那么它是如何使员工的行为和决策与组织的目标和战略相一致的？

以上的问题涉及管理控制系统理论中的一个非常重要的原则，即所谓的"目标一致原则"。目标一致是指组织的各个成员的目标应该与组织自身的目标保持一致，这样才能形成合力，提高组织的各项能力。Anthony 和 Govindarajan（2007）认为管理者不仅拥有组织目标，也拥有个人目标。因此，控制问题的核心就在于引导管理者在追求个人目标的同时，采取也有助于实现组织目标的方式。但是，目标一致是通过什么机制达成的，各种控制方法在其中起着怎样的作用，安东尼本人并没有给出明确的回答。上面介绍的其他的有关管理控制系统的理论中，也没有就上述问题进行深入的探讨。

我们认为在讨论目标一致原则的时候，必须考察三个主要的问题：第一，如何判断组织的目标是否正确？第二，通过怎样的机制才能使得组织成员的目标与组织的目标达成一致？第三，在目标一致的前提下，应该如何衡量和评价组织及其成员的努力程度？如何最大限度地调动组织和成员的积极性？

现有的管理控制系统理论主要是围绕着第三个问题展开的。比如，按照安东尼的管理控制系统理论，管理控制过程包括以下几项内容：第一，制订战略计划。战略计划是指决定组织在未来几年中要从事的计划项目以及为每个计划项目分配资源的过程。也就是说战略计划决定如何实施战略。第二，按照战略计划的框架，编制年度预算。第三，运用业绩计量系统对责任中心和其负责人进行业绩计量和评价。第四，用短期或者长期薪酬计划，激励高层管理者和经营单元管理者。

其中的第二、第三项内容主要涉及上述第三个问题。麦钱特对管理控制类型的分析以及西蒙斯控制杠杆理论也都是主要围绕着第三个问题展开的。当然，在现有的管理控制系统理论研究中，也有一些研究在内容上涉及上述第二个问题。但是，这类研究在探讨如何促使组织成员的目标与组织的目标达成一致这个问题时，几乎都是使用所谓的代理理论（agency theory）作为分析工具。

代理理论是研究如何建立契约和激励促使个人与组织的目标达到一致的一种理论。代理关系是指一方（委托人）聘用另一方（代理人）提供某种服务，并且为了提供这种服务而授予代理人决策权。在企业中，存在着不同层次的代理关系。股东聘用企业总经理，并期望其行为符合股东利益，那么股东就是委托人，而总经理就是股东的代理人。总经理聘用下属部门经理，期望部门经理按照自己的要求监管其下属，在这里总经理就成为委托人，而部门经理是代理人。代理理论假设所有个体的行为都是从自身利益出发，因此委托人和代理人的目标是不一致的。另外，股东无法监控总经理的日常行动，以确保总经理的工作符合股东的最大利益。同样，总经理也无法监控部门经理的日常行动。因此，委托人不能获得充分的信息来判断代理人是否按照委托人的期望尽了最大的努力。这种情况被称为信息不对称。

代理理论认为解决目标分歧和信息不对称主要有两种方法，即监控系统和激励薪酬安排。监控是指委托人通过设计适当的监控系统，限制代理人为了自己的利益而牺牲委托人的利益的行为。通过第三方审计财务报表就是一个常见的监控方法。激励薪酬安排是指通过签订薪酬契约等方法，尽可能地使代理人能够在为委托人的最大利益而工作的同时，实现自己的最大利益。但是，上述两种方法都不能从根本上解决目标分歧和信息不对称这两个难题。其原因有两个，一是监控成本和激励薪酬成本的存在，即监控系统的导入和运行以及激励薪酬安排都需要很高的成本。二是来自代理理论的基本假设本身，既然组织中的所有个体的行为都是从自身利益出发，那么就不可能消除个体目标与组织目标之间的分歧。在这一点上，组织与市场有着根本的不同：在市场中，每个个体从自身利益出发参与竞争，可以通过价格机制实现市场的有效性和效率。而在企业组织中，每个个体都从自身不同的利益出发参与工作的话，就无法通过合作提高工作效率，创造价值。因此可以说，代理理论没有能够就组织成员的目标与组织的目标达成一致这个问题为我们提供一个合理的解释。事实上，安东尼也认为代理理论从20世纪60年代提出以来，虽然在学术期刊上发表了大量的相关文章，但是代理理论对于管理控制过程没有实质性的影响，在现实世界中并没有取得什么回报（Anthony and Govindarajan，2007）。

综上所述，对于我们提出的有关目标一致的三个问题，从现有的管理控制系统理论中是找不到正确答案的。

众所周知，任何关于企业经营管理的理论都是建立在一定的有关企业根本性质的假设基础之上的。我们认为上述问题的根源在于作为管理控制系统理论基础的，有关企业性质的基本假设之中。因此，必须从分析作为管理控制系统理论的基本前提假设入手，才能找到这三个问题的答案。

三、管理控制理论的前提假设——企业理论

所谓企业理论就是关于企业的根本性质和行为原理的理论。关于企业根本性质是什么，主要涉及以下三个问题。第一，企业是谁的？第二，企业的目的是什么？第三，企业的成果是谁创造的，应该如何分配？要回答这些问题，首先必须探讨企业的创立和发展必不可少的经营资源。

一般来说，企业的主要资源可以分为人力资源、物质资源、资本资源三种，除此之外，还包括技术、信息、文化等资源。从历史上看，对于上述资源之中哪一种资源最重要这个问题，它的答案是随着历史的发

展而变化的。在英国产业革命时期，机械的发明使得生产活动效率和规模都有很大的提高，只要有资本就能购买机械设备，也可以随时雇用到劳动力，在那个时代资本成为最为稀缺的资源。

纵观人类社会经济发展的历史，迄今为止，世界产业发展曾经出现过三次重大的变革。这三次变革被称为三次工业革命，即以机械化为特征的第一次工业革命，以电气化为特征的第二次工业革命，以自动化为特征的第三次工业革命。目前我们正在迎来以人工智能为特征的第四次工业革命。在这个历史发展过程中，随着企业规模不断扩大，生产过程日趋复杂，企业组织形式也随之发生变化。企业组织形式是指企业财产及其社会化大生产的组织状态，它表明一个企业的财产构成、内部分工协作与外部社会经济联系的方式。按照组织形式分类，可将企业分为独资企业、合伙企业、公司企业三种形式。

独资企业是一个自然人投资并兴办的企业，其业主享有全部的经营所得，同时对债务负有完全责任。这种企业的规模一般比较小，其优点是经营者和所有者合一，经营方式灵活，建立和停业程序简单。这类企业的缺点是自身财力所限，抵御风险的能力较弱。合伙企业是由多人联合起来共同出资创办的企业。合伙人对整个合伙企业共同拥有经营决策权，并共同承担相应的责任和风险。与独资企业相比，合伙企业有较强的抵御经营风险能力，适合具有一定规模的企业。

现代企业一般都采用公司形式。公司是指以营利为目的，由许多投资者共同出资组建，股东以其投资额为限对公司负责，公司以其全部财产对外承担民事责任的企业法人。公司的主要形式有两种，即有限责任公司和股份有限公司。有限责任公司股东以其出资额为限对公司承担责任，公司以其全部资产对公司的债务承担责任。股份有限公司将其全部资本分成等额股份，股东以其所持股份为限对公司承担责任、公司以其全部资产对公司的债务承担责任。公司企业有四个特点：一是可以快速地募集大量资金；二是股东只需负有限责任；三是股份可转让；四是由经营专家管理企业，管理科学效率高。公司企业被认为是最适合产业资本高度集中时期的企业形式。

　　直至第三次工业革命的前半期，资本资源一直是占主导地位的企业资源。不管企业属于哪种形式，为企业提供资本资源的投资者是企业的所有者或者支配者，也是企业成果的享受者。因此，相应的企业理论立足于下面三个基本假设：第一，企业归股东所有；第二，企业的目的是股东价值最大化；第三，企业的最终成果即利润全部属于股东。我们把这种企业理论称为资本企业理论。

　　然而，进入20世纪中期以后，科学技术的前所未有的飞速发展，以及工业生产自动化程度的日益提高，使得多品种和大批量化生产成为可能。欧美日等发达国家进入了大量生产、大量消费的新时代。在这个过程中，企业的规模大幅度地扩张，现代股份公司成为最重要的企业组织形式。这种企业的发展和扩张带来了下面三个重要的结果。第一个结果是所有权与经营权的分离。当企业规模比较小时，往往创业者本身既是出资者又是经营者。这种情况下，所有权和经营权由同一个人拥有。而当企业规模越来越大时，生产经营的内容随之变得复杂，需要有专门知识的人来经营管理企业。结果，职业经理人就代替作为大股东的创业者，来经营管理企业。第二个结果是经营管理者支配权的增大。股份公司为了扩大事业规模，需要在证券市场上大量发行新股，从众多的投资者手里筹集资金。这样就造成股权非常分散，原先的大股东所持的股份的比例就会大幅度下降。因此大股东对企业的支配权逐渐减弱，而职业经理人对企业的支配权逐渐增强。第三个结果是机构投资者的兴起。20世纪50年代之后，发达国家的养老基金及保险公司等金融机构开始投资持股。特别是在美国，养老基金已经成为股票市场上资金的主要来源。而养老基金的所有者正是作为将来的养老金领取者的企业员工。

　　从上述三点中可以引申出下面的结论：在企业经营资源中，一方面资本的重要性在大幅度下降，另一方面人力资源的重要性在显著地提高。这种经营资源重要性的变化对于企业经营管理产生了重大的影响。

在此背景下，自20世纪末以来，经营管理学者们在指出传统的经营管理理论中的问题的同时，开始探索适合新的经营环境的经营管理的新的理论。

美国著名管理学者彼得·德鲁克（Peter.F. Drucker）将上述变化视为资本主义社会历史性转变的前兆，提出了如下主张：从20世纪60年代起，发达国家的社会及其构造发生了根本性的转变。其结果是发达国家从资本主义社会向后资本主义社会（或称为知识社会）转型。在后资本主义社会中，拥有支配力的资源既不是资本，也不是土地或者劳动，而是知识。因此，后资本主义社会的经济课题是如何提高知识劳动和知识劳动者的生产效率问题。要解决这一课题，所有组织都必须由传统组织形式转变为责任型组织。在以知识为基础的组织中，所有成员都必须对自己的目标、行动和贡献负责。而且通过从成果到目标的反馈，管理自己的工作。这种责任型组织的管理工作就是让每个员工都成为管理者（Drucker，1993）。

日本著名经营学者伊丹敬之通过分析日本企业经营管理的特点，提出了人本主义经营的概念。伊丹敬之（1987）在考察第二次世界大战之后日本企业成功的原因时，发现典型的日本企业与典型的美国企业在经营管理方式上有着本质的不同。这种不同源自对于企业性质的基本认识的不同。典型的美国企业基于传统企业理论进行企业经营管理。传统企业理论认为资本是经营活动的最根本和最稀缺的资源，因此企业归属于资本所有者即股东，企业的目的是实现股东价值最大化。经营成果的分配原则是经营者和员工按照合同领取报酬和工资，剩余利润全部归股东所有。在传统企业理论中，经营者、员工、股东的利益基本上不一致，因此需要通过委托代理安排，分清各自的责任和利益并监督执行。

与此相对照，典型的日本企业则认为人是经营活动的最根本和最稀缺的资源，并且基于这种思考进行企业经营管理。伊丹敬之把这种企业经营管理方式称为人本主义经营，认为人本主义经营方式比资本主义经营方式更加适合现代企业采用。

从上述讨论可以看出，构成资本主义经营基础的传统企业理论已经不符合现代的经营环境，需要有一种新的企业理论取而代之。新的企业理论是人本主义经营的基础，以下面假设为前提。第一，企业不仅属于投资者（或股东），也属于包括经营管理者和员工在内的所有企业成员。第二，企业的目的是使得附加价值最大化。第三，企业的成果（附加价值）是企业成员通过有效地利用资本创造出来的，应该属于所有企业成员和股东。第四，经营管理者、员工、股东的根本利益是一致的。我们将这种企业理论称之为人本企业理论。表2-4对人本企业理论和传统的企业理论进行了详细的比较。

表2-4　　　　　　　人本企业理论与传统企业理论之比较

比较项目	传统企业理论	人本企业理论
企业归属	股东	经营者、员工、股东
企业目的	股东价值最大化	附加价值最大化
成果分配	经营者和员工按照合同领取工资和报酬，利润归股东	经营者、员工、股东共同分享附加价值
利益关系	经营者、员工、股东的利益基本不一致	经营者、员工、股东的利益基本一致
委托代理关系	经营者受股东的委托监督被雇佣者的劳动	经营者和员工作为主人翁参加企业经营

资料来源：引自卜志强（2017）第44页，表2。

第五节　阿米巴经营的理论基础——人本管理控制系统理论

一、人本管理控制系统理论

从上述探讨可以看出，现行的管理控制系统理论是建立在传统企业理论基础之上的，按照这种理论，经营者、员工、股东各自的利益是不一致的，所以要通过委托代理机制来保证股东价值最大化的实现。在这种前提下，要达成企业组织成员（即经营者和员工）的目标与组织（实际上是股东）目标的一致即使不是完全不可能，也是非常难以达成的。这是传统企业理论的一个内在的重大缺陷。显然，用这种企业理论是无法解释阿米巴经营为什么是一种有效的经营管理方式，也不能阐明阿米巴经营的作用机制和原理。在此，提出一种基于人本企业理论的新的管理控制系统，称为人本管理控制系统。将管理控制系统建立在人本企业理论基础之上，有利于在经营者、员工、股东等企业主要利益相关者之间形成利益共同体，保证组织成员和组织整体的目标一致性。这样就避免出现上面提到的有关目标一致原则的三个问题。为了阐释人本管理控制系统理论的特征和作用机制与原理，在这里提出一个研究分析管理控制系统的理论分析框架（见图2-4）。

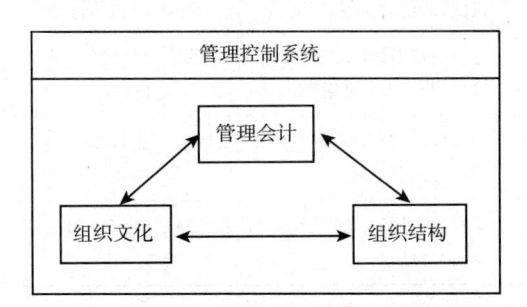

图2-4 管理控制系统的理论分析框架

资料来源：笔者制作。

在这个分析框架里，管理控制系统的任务是通过实施企业经营战略来提高业绩水平。管理控制系统由组织文化、组织结构、管理会计三个部分或者说子系统组成。组织文化的作用是确保组织目标的妥当性，保障实施组织战略的活动不偏离组织目标，从而达成目标一致。管理会计的作用是在实施组织战略过程中，准确及时地衡量和评价组织成员和内部部门为了实现目标的努力程度，并通过信息反馈引导和激励组织成员为了共同的目标而努力。组织结构既是战略实施的组织保证，又为组织文化控制和管理会计控制提供了发挥作用的平台。

与前面介绍的传统的管理控制系统理论框架相比较，我们提出的这个管理控制系统理论分析框架有下面两点优势。第一点，我们提出的这个管理控制系统概念既包含基于会计手段的控制方法（管理会计），有包含非会计手段控制方法（组织文化、组织结构），覆盖了所有用于实施经营战略的控制方法。这样就克服了传统管理控制系统概念过于狭窄的缺陷。第二点，我们提出管理控制系统的这三个组成部分不是相互独立的，而是相互依存、相互促进的，共同形成一个有机的整体。这样就避免了马尔米和布朗提出的管理控制系统包中所存在的、各个控制方法之间缺乏整合性的内在缺陷。

二、作为人本管理控制系统的阿米巴经营

与基于资本企业理论的传统管理控制系统不同，人本管理控制系统是立足于人本企业理论基础之上的。从这个意义上说，人本管理控制系统是一种与传统管理控制系统相对立的一种理论模式。但是，人本管理控制系统并非只是作为一种理论上可能的模式而存在。事实上，在今天的日本企业中，就有不少企业在经营实践中创造出了具有人本管理控制系统特征的经营管理方法。其中，京瓷的阿米巴经营就是一个典型的实例。在此，将通过对阿米巴经营进行深入详细的探讨，阐释阿米巴经营的本质在于它是一个典型的人本管理控制系统。

虽然阿米巴经营是京瓷这家日本企业在其长期的经营实践中总结出来的一种经营管理方法，但是它并不是仅仅适用于京瓷的一种特殊的经营管理方法。实际上，除了京瓷集团企业之外，还有许多的企业通过导入阿米巴经营模式，大幅度地提高或者改善了经营业绩。1995年，京瓷成立了专门从事阿米巴经营模式咨询推广的子公司 KCCS（KYOCERA Communication Systems）。到2017年9月，KCCS 已经累计为739家日本

企业导入阿米巴经营提供咨询和辅导。这些导入企业几乎涵盖所有企业类型，既包括制造业企业，也包括非制造业企业，既有营利性企业，也有非营利性企业。从这个意义上讲，阿米巴经营可以说是具有普遍性的，有效和高效的（effective and efficient）经营管理方法。那么，阿米巴经营是如何发挥其有效性（effectiveness）和效率（efficiency）的？其作用机制是什么？下面运用管理控制系统的理论分析框架，对阿米巴经营的作用机制进行解析。

在本章第二节介绍了阿米巴经营的三个构成要素，即京瓷哲学、阿米巴组织以及单位时间核算制度。援引前面我们提出的管理控制系统的理论分析框架，阿米巴经营的这三个要素，分别对应其中的组织文化、组织结构、管理会计，构成一个完整的管理控制系统（见图2-5）。阿米巴经营作为一个管理控制系统，通过京瓷文化、阿米巴组织、京瓷管理会计这三个子系统发挥其作用。下面依次分析阐述各个子系统的作用机制。

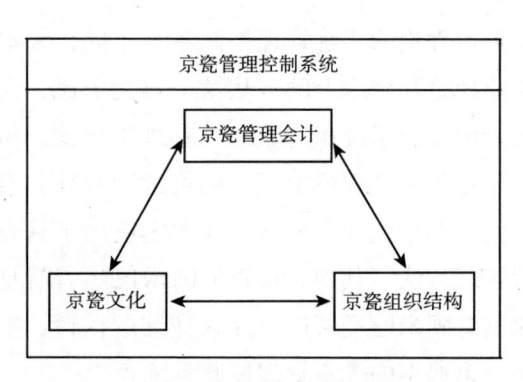

图2-5 作为管理控制系统的阿米巴经营

资料来源：笔者制作。

（一）京瓷文化的作用机制

京瓷文化是基于京瓷哲学的企业文化。京瓷哲学是由企业宗旨，经营理念等内容构成。京瓷的企业宗旨归纳起来就是四个字"敬天爱人"。

这里的"天"是指客观规律，也就是事物的本性。所谓"敬天"，就是按事物的本性做事。所谓"爱人"就是"利他主义"，利他是做人的基本出发点，通过利他来自利。京瓷的经营理念是"在追求全体员工的物质和精神幸福的同时，为人类与社会的进步发展做贡献"。京瓷哲学保证了京瓷作为一个社会组织，其目标不仅要体现包括经营管理者在内的全体员工的利益，而且要符合人类与社会生存发展的需要。在京瓷哲学指导下形成的京瓷企业文化是所谓大家庭主义文化。在京瓷，经营管理者与员工的关系不是一般意义上的劳资关系，而是一种拥有共同目标的相互信赖、团结合作的同志式关系。每个人可以通过在实现京瓷的组织目标的同时，实现个人的目标。按照这种组织文化，个人目标不能通过"利己主义"来实现，而是要通过"利他主义"来实现。这样就保障了组织目标与组织成员个人目标的内在一致性。京瓷的这种基于京瓷理念和哲学的组织文化，可以说是典型的以人为本的企业文化。

当然，仅仅从形式上制定理想的企业经营理念和哲学，是不能够形成真正的优秀企业文化的。企业文化是由共同的传统、规范、信念、价值观、行为方式等构成的，其核心是企业价值观。这里的价值观不是泛指企业管理中的各种文化现象，而是企业或企业中成员在从事经营活动中所秉持的价值观念。企业文化是一个企业特有的文化形象，它体现在企业日常经营活动的各个方面。因此，如何把经营理念和哲学的思想落实到每个管理者和员工的具体行动中，是一个企业能否创造并形成优秀企业文化的关键。

京瓷的做法是管理者通过不断地给员工宣讲京瓷哲学，使员工充分理解和认同企业的使命和目的。全体员工怀着作为共同经营者的责任感，在各自的工作岗位上发挥自己最大的才干。京瓷利用研修会和各种活动场合，对全体员工进行彻底的京瓷哲学教育。早在 1967 年 12 月，京瓷就将稻盛和夫关于经营的想法编辑成称为《京瓷哲学》的小册子，发给全体员工学习。1968 年在咨询公司的协助下，整理完善了京瓷内部的规章制度。然后，把规章制度和京瓷哲学的内容汇编成一本员工手册，发给每一位员工。员工们通过参加培训班和在晨会上轮流阅读京瓷哲学的内容并交流各自的体会，加深理解京瓷哲学。

在长期实践的过程中，京瓷建立了一套系统的内部教育研修制度。教育研修课程包括哲学教育课程、管理教育课程、职能教育课程、技术教育课程、技能教育课程等。其中，哲学教育课程占所有课程的90%以上。哲学教育课程分为高层管理培训班、中层管理培训班、员工培训班三个层次，无论是日本国内还是海外，全体干部和员工都必须轮流参加培训。另外，在日本国内还开设了以非正式工为对象的哲学教育培训班。根据京瓷《CSR报告书2009》的有关统计，2008年度整个京瓷集团（包括海外）参加哲学教育培训的人数达95000人，相当于平均每个干部员工每年参加一天半的哲学教育培训。正是通过这种对经营哲学的经常化的学习和交流，在企业内部形成了一种目标一致、齐心协力、共同为企业的发展做贡献的良好氛围。

（二）阿米巴组织的作用机制

组织目标需要通过制定和实施经营战略而得以实现。京瓷哲学和基于京瓷哲学的企业文化既是制定经营战略的基准，又是正确地实施经营战略的一个有力保障。可是，无论是京瓷哲学还是京瓷文化，虽然能在组织和个人目标一致的达成方面发挥作用，但是只有全体员工都能够在各自的岗位上同心协力，尽自己最大的努力工作，企业才能取得卓越的业绩，从而实现经营理念。因此，必须有某种机制使得在目标一致的前提下，最大限度地调动全体员工的积极性，在工作中发挥各自的最大能力。发挥这种作用的是阿米巴组织和京瓷管理会计，下面来分析阿米巴组织的作用机制。

正如前面所述，阿米巴经营的一个特征是它采用独立核算小集团的组织形式。京瓷的组织构造是按照直线－参谋制组织设计而成的。直线部门包括生产部门和销售部门，它们是所谓核算部门，即通常讲的利润中心。参谋部门包括管理部门和研发部门，它们属于非核算部门，即通常讲的成本中心。然后，再把生产部门和销售部门细分成多个更小的核算单位。比如说，生产部门阿米巴组织是这样划分的：把生产部门按照产品、工序等逐层分解，直到分解到可以独立核算的最小的基层单位为止。在这里，企业组织被分成多个层次，每个最小的单位就是一个独立经营核算的基层阿米巴，多个阿米巴构成一个上一层的阿米巴。各个阿米巴之间就像上下工序关系一样，按照业务流程联系在一起，通过企业内部买卖契约进行交易。这样，如果按照业务的流程，将每一个内部交易连接起来，就形成一个内部市场链。图2-6是阿米巴组织构造的一个概念。

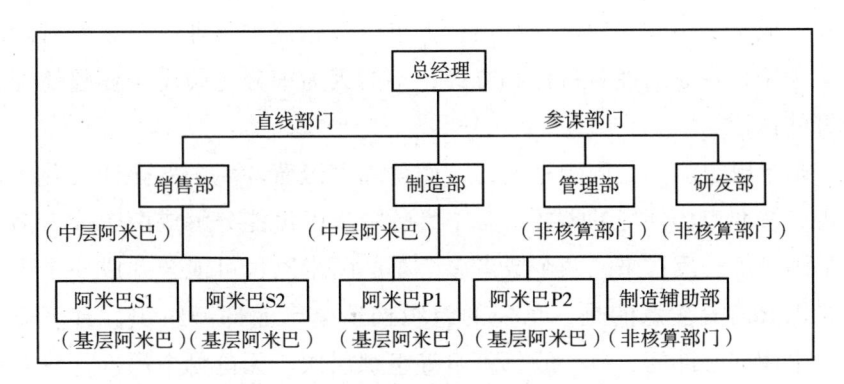

图2-6 阿米巴组织的基本构造

资料来源：根据上总康行和泽边纪生（2006）第170页第1图，笔者修改。

为简便起见，图2-6中只显示了一个中间层次，即中层阿米巴，实际上可能有一个以上的中间层次。这样，京瓷的这个企业组织就像由多个阿米巴组织和非核算部门组成一个金字塔。所有阿米巴的业绩总和就是整个企业的业绩。

图2-6中的销售部和制造部是独立核算部门：销售部拥有两个阿米巴，阿米巴S1和S2；制造部拥有两个阿米巴，阿米巴P1和P2，而制造辅助部不是阿米巴。管理部和研发部不是独立核算部门。按照正统的管理会计理论，销售部门是收益中心，制造部门是成本中心，而独立核算的部门则是利润中心。那么，如何使本来是收益中心的阿米巴S1和S2

变成独立核算的利润中心，又如何使本应为成本中心的阿米巴 P1 和 P2 成为利润中心呢？京瓷的做法是将市场机制引入企业内部，使得每个阿米巴之间的关系从单纯的组织内关系变成一种市场交易关系。也就是说，在企业的内部建立一种价格机制，使得各个阿米巴能够进行独立核算。

在这里，每个阿米巴都是一个相对独立的经营单位。每个阿米巴的负责人，即阿米巴长就像一个小企业经理，对自己的阿米巴具有独立经营的权力并承担相应的责任。但是，这种企业组织的细分化并不是随意的，任何一个阿米巴都必须符合下面三个条件：一是阿米巴必须是能够独立核算的组织单位，其收入和支出可以明确把握；二是阿米巴必须是能够完成某项事业的单位，其负责人可以经营这项事业；三是所有阿米巴必须符合企业的经营目标和方针，不能因为细分化妨碍企业整体经营方针的执行。

阿米巴组织不是固定不变的，而是随着经营环境的变化而变化。比如说，按照市场环境的需要，一个大的阿米巴可能分解成两个或者多个小的阿米巴，反过来，两个或者多个小的阿米巴也可能合并成一个大的阿米巴。值得注意的是，京瓷的组织构造是事业部型组织，有事业本部、事业部、部门、科、股、班组等组织层次。无论哪个层次，只要能够独立核算地自主经营，就可以成为一个阿米巴。通过这种组织形式，使得企业整体的大目标通过中层阿米巴的中目标与基层阿米巴的小目标，进而与每个员工的个人目标紧密地联系在一起。这样整个企业就成为一个利益共同体。

一个阿米巴通常由几个至几十个成员组成。正因为规模很小，每个阿米巴的成员之间容易形成亲密的伙伴关系，树立起牢固的集体观念，同时也有利于在工作上的相互协作与监督。每个阿米巴成员在阿米巴长的带领下积极参与经营管理，在各自的岗位上主动地承担责任并发挥自己的作用。这样，每个员工就不再是单纯的劳动者，而成为共同事业的合作者。确立了这种组织，团队与个人之间的双赢关系，有利于提高全体员工的积极性，使大家都关心和参与企业经营管理，实现共创价值、共享果实。从这个意义上讲,京瓷的阿米巴组织是基于人本企业原理而设计出来的组织形式。

从本质上来看,阿米巴组织类似于德鲁克提倡的所谓责任型组织(Drucker,1993)。这种责任型组织的管理工作就是让每个员工都成为管理者。每个成员都必须对自己的目标、行动和贡献负责。但是要做到这一点,仅仅靠组织文化和组织构造显然是不够的,还必须有一个有效的管理会计系统。这个管理会计系统必须具备两项功能:一是业绩尺度功能,即它能够用来准确公正又公平合理地衡量和评价组织和成员完成目标的程度和贡献的大小。二是激励功能,即它能够用来激励成员为了实习组织目标而付出自己最大的努力。为此,京瓷通过多年的实践,创造出了一种独具特色的管理会计系统——单位时间核算制度。

(三) 京瓷管理会计的作用机制

京瓷管理会计是阿米巴组织对其经营活动的过程和结果实施综合管理的工具。传统的管理会计一般用成本指标或者利润指标对企业内部责任单位的绩效进行管理。与此相对照,京瓷管理会计采用附加价值指标对阿米巴组织实施管理。按照阿米巴经营的观点,产品的价格是由市场来决定的,而利润是在生产过程中创造出来的。因此,产品的销售收入应当被视为制造部门的收益,而不是像通常那样将销售收入视为销售部门的收益。由于销售部门帮助制造部门实现了收益,所以应当相应地分享部分收益。在京瓷,一般是从总的销售收入中提出一定的比例(比如15%)作为销售部门的收入,称为销售提成。

按照上述思维,京瓷管理会计采用如下三个公式对阿米巴和整个企业的业绩进行核算。

(1) 制造部门业绩核算公式:

$$制造阿米巴利润 = 销售收入 - 制造费用 - 销售提成$$

(2) 销售部门业绩核算公式:

销售阿米巴利润＝销售提成－销售费用

（3）企业整体业绩核算公式：

企业整体利润＝制造阿米巴利润＋销售阿米巴利润

＝销售收入－制造费用－销售费用

从上面三个公式可以看出，所有核算部门的业绩总和就是企业整体业绩。反过来说，企业的整体业绩指标也可以直接分解为各个阿米巴的业绩指标。这样有利于将整体利益与部分利益结合起来，通过实现部分最佳达成整体最佳。

必须注意的是在上面的公式中，无论是制造费用中还是销售费用中都不包含人工成本。其理由有两个：一个理由是对于阿米巴及其负责人来说，人工成本是不可控制的成本，因此不应该计入核算阿米巴业绩的指标之中。另一个理由是按照阿米巴经营的思想，每个员工不再是单纯的劳动者，而是共同事业的合作者。因此，全体员工都是价值创作者和成果分享者，其劳动报酬不应该视为成本。与此相对照，资本成本是包括在制造费用和销售费用中的。在京瓷，每个阿米巴都必须对自己管理的资产（包括流动资产和固定资产）负担相应的使用成本。按照京瓷的内部规定，资产使用的年利息为6%。

从上述分析可以看出，上面的公式中计算的所谓利润并不是会计教科书中通常使用的利润概念，它实质上是与附加价值是一个概念。附加价值是指企业在一定的期间内通过其经营活动所创造出的新的价值。它是衡量企业在经济上对社会贡献大小的指标，同时也构成对各方面的利害关系者分配经济成果的源泉。计算附加价值有两种方法：一种方法叫做扣除法，它是把外部购入价值部分从销售收入中扣除来求得附加价值的方法。用公式表示就是：附加价值＝销售收入－外部购入价值。扣除法是从价值创造的角度来计算附加价值，上面的三个公式采用的就是这种方法。另一种方法叫做加和法，它是把组成附加价值的各项内容相加来算出附加价值，用公式表示即为：附加价值＝

劳动报酬＋营业利益＋折旧摊销。加和法是从价值分配的角度来计算附加价值的。

在附加价值的计算中，不把人工成本作为扣减项处理，而将人工成本看作是企业创造的附加价值的一部分，这样做肯定了企业员工的作为价值创造者的地位，更加能够激励员工为企业努力工作。因此，把企业经营活动的目标定为附加价值最大化，既符合包括经营管理者和员工在内的企业内部利益相关者的利益，也符合包括股东和社会等外部利益相关者的利益。阿米巴经营强调包括经营管理者在内的全体员工是企业的主体，从而调动企业员工为企业创造价值的积极性。在此基础上，将创造出的附加价值在相关利益集团（员工、股东、社会等）之间合理分配，促进了企业内部员工与股东之间的和谐，也促进了企业与外部社会之间的和谐，从而为社会的持续、稳定、健康的发展做出贡献。

要实现附加价值最大化，无非是要靠两个办法：一是使销售收入最大化，二是使费用最小化。通过有效和高效地开展经营活动，以最低的成本为顾客提供最高的产品和服务，才能创造出最大的附加价值。因此，销售收入最大化和费用最小化是每个阿米巴开展经营活动的两个重要原则。

附加价值虽然是衡量经济效益的重要指标，但是它不能准确地反映经营活动的效率。阿米巴组织有大有小、人数不等，用附加价值这个指标不能客观公平地比较不同阿米巴经营业绩的优劣。为此，京瓷管理会计使用单位时间附加价值来作为考核阿米巴经营活动效率的指标。单位时间附加价值的计算公式如下：单位时间附加价值＝附加价值÷总时间。

其中，附加价值是一个阿米巴作为独立核算单位在一定期间（如一个月或者一个星期）内创造的附加价值，总时间是创造这些附加价值使用的所有时间。

有了单位时间附加价值这个业绩评价指标，每个阿米巴的业绩状况就可以用一张单位时间附加价值核算表来表示。表2-5是制造部门阿米巴的单位时间附加价值核算表的一个示例。

表 2-5　　　　制造部门阿米巴的单位时间附加价值核算　　　　单位：元

项　　目	计算公式	金额
总出货（总产值）	A（B+C）	60000
对外出货	B	35000
公司内销	C	25000
公司内购	D	10000
总销售收入（净产值）	E（A-D）	50000
扣除额	F	30000
（明细）原材料费		20000
外包加工费		10000
销售收入扣除（附加价值）	G（E-F）	20000
总时间（小时）	H	400
单位时间附加价值（元/小时）	I（G/H）	50

资料来源：参照稻盛和夫（1998）第125页，笔者修改。

把时间这一要素加入业绩评价指标中是京瓷管理会计的一大特色。正像马克思在《资本论》中所说的那样，一切节约归根到底都是时间的节约。单位时间附加价值表示的是创造附加价值的速度，可以说是衡量工作效率高低的最适当的指标。这一指标可以用来指导和评价企业经营管理各个层面的活动。

首先，从企业经营者层面来看，单位时间附加价值不受部门组织规模、产品服务种类等因素的影响，是评价比较不同部门的业绩好坏高低的客观公平的尺度。使用这一指标，经营管理者可以及时地把握下属部门的经营状况，从而根据实际情况制定有效的对策，指导帮助有问题的部门改善经营业绩。

其次，从每个阿米巴负责人层面来看，单位时间附加价值不仅是衡量阿米巴自身业绩水平的尺度，而且是与其他阿米巴的业绩进行比较的尺度。对于负责阿米巴的全面经营的阿米巴长来说，提升自己的阿米巴的业绩水平的唯一方法就是提高单位时间附加价值。而提高单位时间附加价值可以通过下面三个途径：一是提高销售收入；二是降低费用；三是节约工作时间。因为这三个途径涉及企业经营的各个方面，所以阿米巴长就像一个小企业的总经理那样，经营管理自己的阿米巴，从实践中积累管理企业的经验。阿米巴长不是一种固定的职位，业绩出色的会升职，业绩不好的会降职。通过这样的能上能下的机制，为企业各个层次的管理部门，培养适合的人才。所以说，培养具有经营意识的人才是阿米巴经营的一个重要目的。

最后，从阿米巴的每个成员的层面来看，单位时间附加价值是衡量自己是否在为企业真正做出贡献的一把尺子，这是因为单位时间附加价值的数值代表阿米巴所有成员平均每小时创造的价值。举个例子来说，某阿米巴在某月的单位时间附加价值为50元/小时，这个数字显示的是该阿米巴内所有成员在这个月里平均每个小时创造了50元价值。每个员工在该月所获得的收入除以该月的工作时间就是该员工的该月的单位时间收入。如果某个员工的单位时间收入是30元，那么可以说该员工在该月中创造的价值不仅能够养活自己，而且每小时为企业贡献了20元的价值。如果某个员工的单位时间收入是60元，那么该员工在该月中创造的价值不仅不能养活自己，而且每小时还从企业那里多拿了10元，相当于靠别的员工养活。

阿米巴经营是所谓的可视化经营，即让全体成员都能看到生产经营活动的过程和结果。每个阿米巴长都将每月、每周甚至每天的单位时间附加价值计算出来，并将其结果向所有阿米巴成员公开。从每个月公开的单位时间附加价值计算表中，每个员工清楚地知道自己的工作是不是为自己的阿米巴以及企业作出了贡献，贡献了多少。

在每个月召开的经营会议上，对业绩优秀的阿米巴进行表扬，对于业绩不佳的阿米巴进行批评和帮助。如果某个业绩不佳的阿米巴，经过一段时间之后，其业绩仍然得不到根本的改善，那就会重组或者解散该阿米巴。这种对阿米巴业绩的公开，对于成绩优异的阿米巴成员来说是荣誉和鼓励，而对于业绩不佳的阿米巴成员来说是鞭策和压力。这种自我比较和相互比较会在不同的阿米巴之间，以及同一个阿米巴的成员之间形成一种动力和压力。这样既可以有效地避免因为信息不对称所造成的相互猜疑，也可以避免工作中"出工不出力"的"免费搭车"现象的发生，使大家能够同心协力，通过实现企业的整体目标来实现自身的价值。

阿米巴经营的业绩评价方法是既公平又合理的。这是因为每个阿米巴的业绩都是用单位时间核算表来评价，而且主要评价指标是阿米巴每天创造的附加价值和阿米巴成员平均每小时创造的附加价值。也就是说这种评价方法既考核创造出了的价值的数量，又考核创造价值的速度。另外，这种评价方法的对象是阿米巴组织整体而不是各个成员，评价的结果也不与各个成员的收入挂钩。理由有两个，一个是作为一个由十几个人或者几十个人组成的小集团，阿米巴的大部分工作都需要多个人的合作，所以很难算清每个成员创造的附加价值。另一个理由是这样有利于培养成员之间相互合作的团队精神，避免成员的短期行为。

京瓷的激励制度包括短期激励制度和长期激励制度。短期激励制度主要以精神上的激励为主，比如对完成年度计划的阿米巴，在表彰会上颁发奖状和纪念品。长期的激励制度包括表彰、提职和晋升，其中既包含精神鼓励的部分，也包含物质激励的部分。京瓷的激励制度的指导思想是，既要避免金钱主义物质刺激的弊端，也不实行平均主义，而是将精神激励和物质激励有机地结合在一起。这也是与京瓷哲学的基本精神相一致的。

（四）人本管理会计与传统管理会计的比较

经过上面的分析考察，可以得出结论：从本质上看，京瓷管理会计是一种典型的基于人本企业理论的管理会计模式。这种管理会计模式与传统的管理会计模式有明显的区别，我们把它称为人本管理会计。为了明确人本管理会计的特征，下面将人本管理会计与传统管理会计进行一个比较。

作为一个管理控制系统，管理会计的主要作用是从计划与决策、执行与控制、绩效测定与评价三个方面支援企业的各项经营管理活动。可以说，计划与决策、执行与控制、绩效测定与评价是管理会计的三个基本功能。人本管理会计也不例外，同样具有计划与决策、执行与控制、绩效测定与评价这三个基本功能。但是，在这三个功能的具体内容方面，人本管理会计与传统管理会计有许多本质性的不同。表 2-6 归纳总结了人本管理会计与传统管理会计的主要不同之处。

表 2-6　　　　　　人本管理会计与传统管理会计的比较

功能	传统管理会计	人本管理会计
计划与决策	自上而下 集权型	上下结合 分权型
执行与控制	下级遵从上级指示执行计划 上级遥控指挥下级的行动	核算单位自主开展经营活动 上级为下级提供支援服务
业绩测定与评价	偏重短期绩效 用利润、成本指标进行绩效评价 注重金钱物质的激励作用	短期和长期绩效并重 用附加价值指标进行绩效评价 注重精神和物质激励结合

资料来源：引自卜志强（2017）第 51 页，表 3。

首先，从计划与决策功能的角度对传统管理会计与人本管理会计进行分析比较。从计划与决策功能来看，传统管理会计是与传统的科层制组织相匹配的。在科层制组织中，高层管理者手中掌握着决定一切企业管理活动的权利，包括计划与决策权。因此，计划与决策的方式是自上而下和集权型的。即经营决策权完全集中在科层组织的最高层，中下层的管理者的职责仅限于为高层管理者决策提供可靠的信息。具体来说，首先由高层管理者确定企业总体目标和战略，然后制定相应的中长期经营计划、年度计划以及年度预算。虽然在制定年度计划与年度预算的时候，也强调要采纳和吸收基层部门的意见，但是由于基层部门没有实际权力，也就没有参与计划与决策的积极性，因此很难产生预期的效果。

与此相对照，人本管理会计适用于像阿米巴经营组织那样的分权分散式的组织，其计划与决策功能是上下结合和分权型的。企业总体目标和战略仍然主要由高层管理者制定。但是，在制定相应的中长期经营计划、年度计划以及年度预算的时候，要充分地听取和采纳来自基层部门的合理的意见和建议。由于基层部门有经营管理自己部门的充分的经营权，所以基层部门会以完成企业年度计划为目标，具体制定本部门的经营活动计划。比如在京瓷，首先高层管理者制定称为三年滚动计划的中期经营计划，然后根据公司的年度经营方针由高层管理者和阿米巴长共同制定年度计划（master plan）。这个年度计划是下一年必须达成的目标。各个阿米巴长为了完成年度计划，制定自己阿米巴每个月的具体目标，每个月的目标称为预定。阿米巴的日常经营活动就是围绕着完成每个月的预定来展开。所以说阿米巴经营的计划与决策方式既能够使公司总体目标与战略贯彻落实到每个基层部门，又能够通过授权使基层部门有动力和活力从事本部门的经营活动。

其次，从执行与控制功能角度来分析比较。传统管理会计认为经营管理者的工作是指挥和监督其部下完成上级指定的任务。下级要做的就是遵从上级的指示执行计划，而上级通过下级提交的基于财务指标的业绩报告，遥控指挥下级按照指示行动。在多层次的科层制组织中，由于管理者与被管理者之间存在信息不对称、管理层次多造成信息在传递过程中失真和滞后、上下级之间的监督与被监督关系等原因，高层管理者很难及时地了解和把握有关现场业务的准确信息，因而不能根据市场变化，迅速地作出有效的决策并付诸实施。现场的管理者和员工虽然知道现行的计划已经不符合实际情况，可是他们既没有相应的决策自主权，也没有主动地采取行动来改善业务的责任感和动力。

与此相对照，人本管理会计的执行与控制功能主要是在独立核算的基层部门发挥作用的。比如在京瓷，每个阿米巴为了完成预定，独立自主地开展各项经营活动。在日常经营活动中出现了问题，阿米巴长和成员不必向其上级汇报，等待上级的指示，而是有充分的权力去根据实际情况，制定解决方案并立即实施。因此，阿米巴组织就像一个自律型的有机体，在市场竞争中成长和发展。上级的主要工作不是单纯地监督下级的工作，而是为下级能够高效地开展业务提供支援和服务。

最后，从业绩测定与评价功能角度进行分析比较。传统管理会计是建立在传统企业理论基础之上的，其基本前提是企业归属于股东，企业的最终目的为股东价值最大化。因此，传统管理会计主要使用利润和成本等财务指标进行绩效评价。虽然近年来也强调要重视非财务指标，例如，平衡记分卡从财务、顾客、内部流程、学习与成长四个视角综合评价企业的业绩，但是最终的着眼点还是财务视角。而财务视角仍然只是从股东的立场出发，使用投资报酬率、经济增加值等衡量业绩的优劣。而且激励员工以物质激励方法为主，注重短期绩效，将业绩与报酬直接挂钩。然而，由于经营者、员工、股东在根本利益上是不一致的，这就容易导致各方都从自身的利益出发，偏重于短期业绩和局部利益最大化，忽视企业整体的长远发展。比如说管理者为了得到股东的更高评价或者获得更高报酬，往往不惜牺牲企业的长期发展为代价，追求企业短期业绩的提高。

而人本管理会计是建立在人本企业理论基础之上的，其基本前提企业归属于经营者、员工、股东，企业的最终目的是附加价值最大化。由于经营者、员工、股东在根本利益上是一致的，业绩测定与评价不仅注重短期利益，而且注重长期利益。激励制度也不是只重视物质与金钱，而是将物质激励与精神激励相结合，以期达到长远和持续的效果。这样员工所关注的就不再是眼前的利害得失，而是企业的长期发展给自己带来的长远利益。

从上面的分析比较可以得出结论：与传统管理会计比较，人本管理会计在计划与决策、执行与控制、绩效测定与评价这三个基本功能方面都有显著的优势。不仅如此，人本管理会计模式为解决传统管理会计中的存在所谓"相关性遗失"这个难题，提供了一个答案。管理会计的相关性遗失是著名美国管理会计学者约翰逊与卡普兰（Thomas Johnson and Robert Kaplan）在 20 世纪 80 年代末提出的一个著名论断。在《相关性遗失：管理会计的兴衰》（Johnson and Kaplan, 1987）这部专著中他们指出：企业的管理会计系统已经不能够适应当今经营环境的要求，面对快速变化的技术、国内和全球化的激烈竞争，以及信息处理能力的迅速提高，管理会计系统无法为管理者进行过程控制、产品成本计算和业绩评价活动提供及时而有用的信息。其结果是管理会计信息由于被动地受企业的财务报告系统的程序和循环所驱动，变得过于滞后，过于笼统而且被扭曲失真，以至于起不到对管理者的计划和控制决策的支持作用。具体表现在以下几个方面：一是管理会计的主要方法是在1920年前后由通用汽车公司和杜邦公司等开发出来的，1925年以后并没有实质性的发展，而且直到现在（即20世纪80年代）仍然在使用；二是与20年代相比，生产方式已经发生了巨大的变化，直接人工成本的比重逐步下降，而固定成本和间接成本的比重在上升。在这种条件下，传统的间接成本分配方法不能合理地分配成本，其结果导致不能正确地计算产品成本；三是在企业经营中，偏重财务会计而忽视管理会计，实现投资收益率等财务指标成为评价一切经营活动的标准，从而导致企业仅仅注重财务指标而忽视非财务指标。正是由于上述原因，使得会计信息对经营管理失去了相关性。

约翰逊和卡普兰的上述论断在管理会计学界引起了极大的震动。从那之后，管理会计学者们就管理会计相关性问题，做了大量的研究，提出了各自的观点。这些观点大致可以分成两大类：一类观点认为既然相关性遗失的重要原因是成本计算和分配方法的陈旧以及对于非财务指标的忽视，那么通过开发和使用更为适用的管理会计方法就能够从根本上解决之一问题。持这种观点的代表人物是上面提到的哈佛大学商学院的卡普兰教授和罗宾·库帕（Robin Cooper）教授。从80年代末到90年代初，卡普兰和库帕运用案例分析的方法，从美国企业的实践中总结出了一种新的方法——作业成本计算（activity-based costing, ABC）和作业基础管理（activity-based management, ABM）（Cooper and Kaplan, 1988, 1992）。

作业成本计算着眼于产品生产经营过程中的产品、作业、消耗资源三者之间的关系，其基本原理是：产品消耗作业，作业消耗资源。因此，作业成本计算以作业为成本计算的对象来归集和分配生产经营费用。这种以作业为基础的成本计算系统比传统的以产量为基础的成本计算系统更为准确，可以纠正传统成本计算系统的成本扭曲的问题。作业基础管理是基于作业成本计算的管理方法，它利用作业成本计算的信息开展价值链分析，引导企业选择和执行作业价值最大化而顾客成本最小化的活动，从而降低成本、提高效率。

针对传统管理会计业绩评价系统中存在的过于偏重财务指标、忽视非财务指标，以及只能评价过去的业绩等问题，1992年卡普兰和戴维·诺顿（David P. Norton）通过实地研究，提出了一种新的企业业绩综合评价方法——平衡记分卡（balanced scorecard, BSC）（Kaplan and Norton, 1992, 1996, 2000）。平衡记分卡有四个部分组成：财务、顾客、内部业务流程、学习和成长。它既保留了主要财务和价值指标，又引进了未来绩效动因，四个部分之间有着紧密的因果关系，而且都与企业的远景和战略联系在一起，把抽象的战略化为具体的行动。

与上述观点不同，另一类观点认为只是开发出更为精确的成本计算和分配方法以及适当的业绩评价方法，并不能从根本上解决问题。这是因为管理会计相关性遗失的根本原因在于过于重视使用产量、成本、销售额、利润等数字指标进行管理，而忽视了管理手段本身和管理过程的重要性。这类主张的代表人物是前面提到的约翰逊教授。约翰逊指出相关性的遗失不是因为在经营管理中使用了"不适当的会计信息"，而是因为将会计信息用在了"不适当的地方"。他认为在会计这面镜子中通过数字表现出的企业生产经营的"虚象"不能真实地反映生产经营活动的"实像"，所以通过管理会计这个工具来遥控企业生产经营活动本身是难以达到预期的效果的。因此，为了重振美国的制造业，必须舍弃依赖于会计数字的自上而下的遥控式管理方式，而代之以注重人、物、流程、顾客的自下而上的实体式管理方式（Johnson, 1992）。这里所谓实体式管理是指全面质量管理（total quality management, TQC）和丰田生产方式（toyota just-in-time production system, JIT）。

按照约翰逊的观点，自上而下的遥控式管理通过管理会计手段控制生产流程，适合于少品种大量生产方式，即福特生产方式。这种管理方式曾经在"二战"后的美国工业的高速发展中起过重要的作用。可是20世纪70年代以后，它不能适应经营环境的急剧变化，逐渐失去了相关性。而通过实施全面质量管理，则可以重获相关性。全面质量管理的核心是授予现场作业者职权，通过消除制约提高柔性，实施持续改善。在约翰逊与安德斯·布劳姆斯（Anders Bröms）合著的 *Profit Beyond Measure*（Johnson and Bröms, 2000）中，两位作者通过对丰田汽车公司和瑞典斯堪尼亚汽车公司的考察，指出两个公司的经营体系的共同之处是：按照订单设计、生产和评价。而这种经营体系可以提高企业员工的能力，给企业带来长期和安定的高收益。同时通过与美国三大汽车企业的对比，他们指出三大汽车企业的生产管理方式为"结果导向管理"（management by results），而丰田生产方式（即精益生产方式）为"手段导向管理"（management by means）。这种手段导向管理重视业务流程和人的作用，符合自然生命系统的原理，是企业在市场竞争中制胜的法宝。

我们看到上述两种观点对管理会计相关性遗失这一问题给出了截然不同的解决方案。一方面，以卡普兰为代表的观点认为相关性遗失的原因存在于管理会计本身，比如由于间接成本的分配方法不合理、不准确导致成本扭曲。因此，只要找到更为合理、更为准确的方法，就能够重新获得相关性。卡普兰等学者提出的解决方法即上面介绍的作业成本计算，作业基础管理以及平衡记分卡。自从这些方法被提出以来，一直被世界各国众多的管理会计学者深入研究，在理论和实践方面不断深化和完善。另一方面，以约翰逊为代表的观点认为相关性遗失的原因不在于管理会计本身，而在于试图用管理会计的方法遥控生产经营过程本身就是不恰当的。所以，即使采用作业成本计算、作业基础管理等方法，也不能从根本上解决问题。约翰逊等给出的解决方案是用全面质量管理、丰田生产方式来代替管理会计的方法。

笔者认为，上述两类观点都有其合理的一面，同时存在各自的问题。对于卡普兰等提出的作业成本计算、作业基础管理、平衡记分卡等方法，不仅理论界一直有争论，而且实务界意见也相当不一致，在企业中实际应用的效果也参差不齐。这些事实说明仅仅依靠改进传统管理会计的方法确实不能完全解决相关性遗失的问题。约翰逊关于应该重视手段导向管理，特别是重视生产流程和人的作用的见解是很有见地的，然而他对于管理会计不能在业务流程中发挥作用这一观点却未免过于极端（卜志强，2017）。事实上，他所推崇的所谓手段导向管理典型的丰田汽车也创造了其独具特色的管理会计手法，比如成本企划（target costing）。成本企划被视为一种有效的战略性成本管理模式，不仅受到学术界的关注，而且有众多的企业为了提高企业竞争力而积极地导入这一模式（卜志强，2001）。

笔者认为相关性遗失问题之所以发生，根本原因在于组织目标与组织成员的目标之间存在不一致。从前面的讨论中，我们知道传统管理会计建立在传统企业理论基础之上，它是无法避免目标不一致这一问题的。在现代企业经营环境下，人力资源是最重要的企业资源，而目标不一致会造成作为管理控制系统的管理会计的计划与决策、执行与控制、绩效测定与评价这三个基本功能都不能够充分有效地发挥作用。而我们在本文中提出的人本管理控制系统与人本管理会计模式都是建立在人本企业理论基础之上，因此可以从根本上避免出现目标不一致的可能性。所以说采用人本管理会计模式可以避免管理会计相关性遗失问题的发生。

第六节 结 论

在本章，从管理控制系统的角度对阿米巴经营的性质及其特征进行了探讨。在此基础上提出了一个新的管理控制系统理论，即人本管理控制系统理论。本章的主要内容和结论可以归纳如下：

第一节简明地论述了本研究的意义和目的，以及本章的内容构成。

在第二节，首先介绍了阿米巴经营诞生的背景和过程，然后考察了阿米巴经营的三个构成要素，即经营理念与经营哲学、单位时间核算制度、阿米巴组织。在第三节，对国内外迄今为止有关阿米巴经营的研究文献进行了综述。首先，按照研究着眼点的不同，对有关文献进行分类，然后详细地介绍了各个类型中有代表性的文献，在此基础上明确地评价了各个研究文献的学术贡献，同时也指出了还存在的尚未解决的课题。在第四节，作为构建阿米巴的理论基础的一个准备，首先，梳理了现有的有关管理控制系统的主要理论，包括安东尼的管理控制系统理论、麦钱特的管理控制系统理论，以及西蒙斯的控制杠杆理论，指出了传统管理控制系统理论中存在的主要问题。然后，对管理控制系统理论的前提假设进行了详细而深入的探讨。在第五节，首先提出了人本管理控制系统的概念，之后又提出了一个管理控制系统的理论分析框架。即管理控制系统由组织文化、组织结构，和管理会计三个部分组成。然后，援引这个理论分析框架，我们指出阿米巴经营的三个构成要素，即京瓷哲学、阿米巴组织、单位时间核算制度，分别对应理论框架中的组织文化、组织结构、管理会计。阿米巴经营构成一个完整的管理控制系统。阿米巴经营作为一个管理控制系统，通过京瓷文化、阿米巴组织、京瓷管理会计这三个子系统发挥其作用。接着，分别阐述了三个子系统的作用机制。通过分析讨论，我们指出京瓷管理会计是一种典型的基于人本企业理论的管理会计，称为人本管理会计。最后，为了明确人本管理会计性质和特征，我们从计划与决策、执行与控制、绩效测定与评价这三个基本功能的角度，将人本管理会计与传统管理会计进行了比较分析，得出了下面的结论：与传统管理会计相比，人本管理会计具有多方面的优越性，更加适合现代企业的经验环境。

改革开放以来，通过大量引进和吸收国外各种先进技术，我国企业充分利用后发优势，在制造技术和管理技术方面都取得了长足的进展。特别是在某些制造技术领域，已经接近或者达到了世界先进水平。与此同时学术界也通过学习和借鉴国外先进经营管理理论，大幅度地提高了学术研究的整体水平。可是必须正视的一个现实是：无论是在我国的产业界还是学术界，在经营管理实践与理论方面真正具有影响的自主创新成果还比较少。因此，如何在经营管理实践与理论自主创新方面有所突破，这是摆在我国产业界和学术界面前的一个极为重要而紧迫的课题。

从世界经济发展和经营管理理论发展的历史上看，新的经营管理理论往往是诞生在经济发达（尤其是制造业发达）的国家和地区。作为世界上新兴的制造业大国和位居世界第二的经济大国，中国应当而且有能力成为新的经营管理理论的发源地。因此，希望通过在企业实践中的检验和在理论上的不断完善，本章提出的人本管理控制系统理论以及人本管理会计理论，能够成为适应 21 世纪企业经营环境的、具有普遍理论与实践意义的经营管理理论。

参考文献

刘方龙、吴能全：探索京瓷"阿米巴"经营之谜——基于企业内部虚拟产权的案例研究，中国工业经济，2014（2）：135 – 147。

刘湘丽：日本京瓷公司阿米巴管理的案例研究，经济管理，2014（2）：47 – 54。

青山政次（1987）『心の京セラ二十年』非売品。

伊丹敬之（1987）『人本主義企業』筑摩書房。

稲盛和夫（1998）『稲盛の実学―経営と会計』日本経済新聞社。

稲盛和夫（2006）『アメーバ経営』日本経済新聞社。

稲盛和夫（2014）『京セラフィロスフィ』サンマーク出版。

上総康行（2010）「アメーバ経営の仕組みと全体最適の研究」アメーバ経営学術研究会編『アメーバ経営学 – 理論と実証』、第 2 論文、58 – 88 頁、KCCSマネジメントコンサルティング。

上総康行・澤邉紀生（2005）「京セラのアメーバ経営と利益連鎖管理

（PCM）」『企業会計』第 57 巻第 7 号、97－105 頁。

　上総康行・澤邉紀生（2006）「京セラのアメーバ経営と管理会計システム」上総康行・澤邉紀生編著『次世代管理会計の構想』、第 8 章、165－191 頁、中央経済社。

　谷武幸（1999）「ミニプロフィットセンターによるエンパワメント―アメーバ経営の場合―」『国民経済雑誌』第 180 巻第 5 号 47－59 頁。

　谷武幸（2005）「京セラアメーバ経営―自律的組織とその統合の視点から」『企業会計』第 57 巻第 12 号、27－34 頁。

　浜田和樹（1989）「「アメーバ」方式による利益管理システム」『企業会計』第 41 巻第 2 号、46－51 頁。

　卜志強（2001）「競争優位のツールとしての原価企画」『経済科学』第 49 巻第 3 号、29－44 頁。

　卜志強（2009）「市場連鎖管理とアメーバ経営との比較―中国進出日系企業への示唆―」『企業会計』第 61 巻第 6 号、35－41 頁。

　卜志強（2013）「日中企業の業績評価システム」、太田雅晴編著『イノベーションで創る持続可能社会』第 11 章、中央経済社、173－187 頁。

　卜志強（2017）「人本管理会計理論の構築」『経営研究』第 68 巻第 1 号、33 頁－54 頁。

　水野一郎（2008）「付加価値管理会計の展開－京セラアメーバ経営を中心として」『会計』第 173 巻第 2 号、84－94 頁。

　三矢　裕（2003）『アメーバ経営論』東洋経済新報社。

　Anthony, R. N. and V. Govindarajan (2007) *Management Control Systems*, 12th ed. Irvin, McGraw-Hill.

　Chenhall, R. H. (2003) "Management Control Systems Design within its Organizational Context: Findings from Contingency-based Research and Directions for the Future," *Accounting, organizations and Society*, 28, pp. 127－168.

　Cooper, R. (1995) *When Lean Enterprises Collide: Competing through Confrontation*, Harvard Business School Press.

　Cooper, R. and R. S. Kaplan (1988) "Measure costs right: make the right decision," *Harvard Business Review*, 66, pp. 96-103.

Cooper, R. and R. S. Kaplan (1992), "Activity- based systems: measuring the costs of resource usage," *Accounting Horizons*, 6, pp. 1 – 13.

Drucker, P. F. (1993) *Post-Capitalist Society*. New York, HarperBusiness.

Horngren, C. T. and G. L. Sunden and W. O. Stratton (2005) *Introduction to Management Accounting*, 14th *Edition*, Pearson Prentice Hall.

Johnson, H. T. (1992) *Relevance Regained*. New York, The Free Press.

Johnson, H. T. and A. Bröms (2000) *Profit Beyond Measure*. New York, The Free Press.

Johnson, H. T. and R. S. Kaplan (1987) *Relevance Lost: The Rise and Fall of Management Accounting*. Harvard Business School Press.

Kaplan, R. S. and D. P. Norton (1992) "The Balanced Scorecard: Measures that drives Performance," *Harvard Business Review*, January-February, pp. 71 – 79.

Kaplan, R. S. and D. P. Norton (1996) "Using the Balanced Scorecard as a Strategy Management System," *Harvard Business Review*, January-February, pp. 75 – 85.

Kaplan, R. S. and D. P. Norton (2000) *The Strategy-Focused Organization: How Balanced Scorecard Companies Thrives in The New Business Environment*. Boston, Harvard Business School Press.

Malmi, T and D. A. Brown (2008) "Management Control System as a Package: Opportunities, Challenges and Research Directions," *Management Accounting Research*, 19, pp. 2873300.

Merchant, K. A. (1982) "The control function of management," *Sloan Management Review*, 23 (4), pp. 4355.

Merchant, K. A. and W. A. Vander Stede (2003) *Management Control Systems: Performance Measurement, Evaluation and Incentives*. Financial Times, Prentice Hall.

Monden, Y. and M. Sakurai (1989) *Japanese Management Accounting*, Productivity Press.

Simons, Robert (1995) *Levers of Control: How Management Use Innovative Control Systems to Drive Strategic Renewal*. NY, Harvard Business School Press.

第三章 东鹏控股公司的阿米巴经营实践*

广东东鹏控股股份有限公司（以下简称"公司"）成立初期为生产耐火材料的集体所有制企业，2001年转制成为股份制企业。公司目前专业从事高品质建筑卫生陶瓷产品的研发、生产和销售，是国内领先的高端瓷砖、卫浴、木地板、涂料等家居材料制造商，致力于为消费者提供领先水平的一站式家居服务，是国内规模最大的瓷砖、洁具产品专业制造商和品牌商之一。

第一节 中国家居建材行业状况

中国家居建材行业市场包括瓷砖、卫浴、地板、橱柜、油漆、照明及其他产品。依托中国宏观经济的强大背景，在刚性需求和消费升级的推动下，近年来房地产市场不断增长，中国家居建材市场快速发展。

中国瓷砖产品市场高度分散，而卫浴产品市场则较为集中。在这两个市场上，公司在品牌认知度、市场份额、产品种类、产品质量、营销

---

* 本案例由京瓷阿美巴管理顾问（上海）有限公司推荐。本案例得到了东鹏控股公司高管的支持与配合，在此特表示感谢。京瓷阿美巴管理顾问（上海）有限公司是稻盛和夫亲自授意成立的隶属于京瓷集团下的全资子公司，是中国唯一一家能够提供正统的京瓷阿米巴经营咨询导入、阿米巴经营系统构建及阿米巴经营培训研修的咨询公司。

及推广、产品价格、经销及零售渠道等方面，与众多国内及国际公司形成竞争。

一、中国瓷砖产品市场概览

在家居装饰及装修中，瓷砖一般用于地板、墙壁及浴室。一般而言，瓷砖产品按质量、设计、品牌定位及价格，可分为高端、中端及大众产品三大类。同时也可分为室外及室内用产品，或分为釉面砖（包括抛釉砖、仿古砖、瓷片、抛晶砖及超薄砖）和抛光砖。

过去五年，中国一直是最大的瓷砖市场。中国瓷砖市场增长的主要动力来自于城镇化加速、人均可支配收入增加、中国住宅市场增长、初次购房者需求和升级需求增加、翻新房屋不断，以及中国人对瓷砖的喜好。

中国人之所以喜欢用瓷砖作装饰，是因为瓷砖具有多个好处，包括耐用性，可设计成为与天然及木质材料高度相似的形态，纹理色泽多样性，防火防潮，耐磨损及踩踏磨耗，抗霜、耐热且能抵御化学性撞击，保养方便且不易褪色。因此，出于中国人对瓷砖的青睐，与美国、欧盟、日本及印度等其他国家及地区相比，中国人均瓷砖消费量为世界最高。

（一）瓷砖产品市场的主要趋势

1. 持续消费升级。近年来，由于中国人均可支配收入不断上升，中国瓷砖市场的高端产品占比不断扩大。如今，越来越多的中国消费者在选购瓷砖时，看重的是产品质量，而不是价格。大部分消费者更乐意购买美观、与文化相符、质地独特及环保的高品质瓷砖。

2. 不断加强创新能力。中国瓷砖市场受产品创新影响很大，产品能否满足消费者的不同需求，是企业在市场上取得成功的关键。因此，不少领先企业包括东鹏、诺贝尔及马可波罗，都通过申请专利、引入先进研发设备、搭建研发平台，以及与其他知名机构合作等方式，在技术研发方面投入大量资源。与行业主要竞争者相比，公司的产品组合最为完整，具备150个产品系列及超过2500款瓷砖产品。

3. 新主流消费者出现及不断提高品牌集中度。随着中国国内生产总值强劲增长及城镇化不断加速，预期年可支配家庭收入中消费者总开支的比例将会日益提升。因此，这些新主流消费者拥有强大的购买力，将成为推动国内消费的重要群体。

4. 在三四线城市巩固地位。随着城镇化快速推进，大多数领先企业通过在若干省、市及自治区集中建立覆盖不同等级城市的营销网络，以提高其在三四线城市的渗透率。此外，这些企业将三四线城市的市场规模视为其业务扩张的新动力。

5. 不断整合优势资源。虽然目前中国瓷砖市场相对分散，但十大瓷砖品牌的集中度仍显示出整合趋势。凭借先进的技术、不断优化的经销渠道，以及较强的研发能力等竞争优势，市场领军者可能会于行业内进行更多资源整合。

（二）中国卫浴产品市场概览

1. 市场规模及增长。卫浴产品一般分为两类：陶瓷卫浴产品及非陶瓷卫浴产品。陶瓷卫浴产品可按质量、设计、品牌定位及定价，进一步分为优质、中高端及大众产品等类别。目前，中国已成为最大的陶瓷卫浴产品市场之一。住宅家庭是最大的目标消费者，而商业及公共物业也占有较大市场份额。

受经济增长、城镇化、可支配收入不断提高及住房需求不断上升等因素带动，中国卫浴产品市场从2007年的460亿元增至2012年的940亿元，复合年增长率为15.4%。2017年将增至1690亿元，而2013~2017年的复合年增长率将为11.9%。同时，由于与较发达地区相比，中国目前人均卫浴产品消费水平较低，预期卫浴产品市场将继续保持增长。

2. 行业主要竞争者。中国中端至高端陶瓷卫浴产品市场相对集中，2017 年十大品牌（公司排名第十）约占总市场份额 41.4%（按零售销售额计算）。根据 F&S 报告[①]，就 2017 年零售额而言，公司在中国卫浴产品市场中排名第十（市场份额为 0.86%），在中高端产品中排名第十（市场份额为 1.8%）。

公司的主要竞争者包括箭牌、法恩莎、安华及恒洁等国内品牌，以及科勒及东陶等国际品牌。公司相信，通过品牌知名度及有效的经销体系，将能充分洞察中国陶瓷卫浴产品及其中高端分部不断增长的需求。

第二节　公司现状

一、公司背景

公司总部位于"南国陶都"——佛山石湾，始创于 1972 年，前身是石湾镇民政综合厂，主要生产耐火砖。公司专注建陶业 40 多年，于 2013 年中国香港主板挂牌上市（股票代码：3386），成为首家在香港上市的中国陶瓷企业，2014~2015 年连续 2 届荣获"香港杰出企业"殊荣，2016 年成功私有化。

目前，公司在全国拥有 10 大家居生产基地，7 家直营子公司。截至 2017 年 3 月，公司瓷砖、洁具产品经销商体系覆盖全国绝大部分省份和大部分地县级市，2300 家经销商，5000 多家终端销售门店。产品畅销海外 100 多个国家和地区，并广泛应用于全球高端地标项目，如北京天安门城楼、北京奥运场馆，国家大剧院、美国帝国大厦、中国香港 Vista Park、莫斯科水族馆等。

---

① F&S 是全球最大的企业增长咨询公司 Frost & Sullivan 弗若斯特沙利文咨询公司。

公司拥有强大的创新和研发能力，建立行业首家博士后工作站，截至 2017 年 7 月，公司在中国境内外共获得 491 项专利，其中发明 87 项。作为陶瓷制造业标杆，公司已参与起草 21 项国家、行业标准。自首届至今，连续多年蝉联"中国建筑陶瓷行业标志性品牌"和"中国 500 最具价值品牌"。2017 年 9 月，东鹏获得世界品牌研究室颁发的"亚洲品牌 500 强"，品牌价值达 261.85 亿元。

公司以"融合科技艺术，成就世界之美，让中国陶瓷受世界尊敬"为使命，以"实现中国陶瓷的伟大复兴"为己任，为人类带来美好生活体验，打造世界知名的民族品牌！

二、公司产品介绍

（一）瓷砖产品

中国瓷砖产品市场较为分散，2017 年十大瓷砖生产商所占总市场份额不足 10%，其中公司在国内排名第一（按零售销售额计）。公司凭借强大的创新及开发能力，持续开发并在市场推出"拳头"创新产品，迅速获得消费者认可，曾应用于多个高端项目，主要包括以下两类产品：

1. 抛光砖。抛光砖为坚硬、密度高及纹理细的瓷砖，表面抛光且轮廓清晰。抛光砖由瓷土制成，兼具瓷砖的一般物理和化学特性，吸水率低于 0.5%，拥有极强的耐酸性、耐碱性、耐腐蚀性和耐冻性。

公司几乎所有抛光砖产品均为半通体砖，表面颜色和花纹深入砖体厚度约 1/2，因此不受步行磨损和其他用途影响。其中，畅销抛光砖产品包括"洞石"系列、"纳福娜"系列、"意大利木纹"系列和"亚马逊"系列等，产品推出多年仍处于公司最畅销产品行列。

2. 釉面砖。釉面砖是在素砖上有一层釉面，因此抗污和防污效能极强。这类瓷砖可进一步细分为仿古砖、抛釉砖、抛晶砖和瓷片四类。

（1）仿古砖。公司仿古砖产品为表面无光泽的瓷砖，既古典又兼具现代设计感。这些产品能迎合客户追求旧时代魅力品位，以及想要在翻新项目加入个人风格的需求。其中，公司最畅销的仿古砖产品包括"宾利法尼亚"系列和"花样年华"系列。

（2）抛釉砖。抛釉砖的特色为底层面砖可印制缤纷的图案，附有抛光表面涂层及高度光泽。此类产品为瓷砖市场新贵，自推出以来，受欢迎程度有增无减。公司于2010年下半年开始商业化生产及销售抛釉砖，最畅销抛釉砖产品包括"云海玉"系列和"罗马大理石"系列。

（3）抛晶砖。抛晶砖产品结合釉面砖的优点，并带有微晶玻璃。抛晶砖砖板上约两毫米厚的微晶玻璃，巧妙折射光线和创造耀眼的视觉效果。公司于2010年下半年开始商业化生产及销售抛晶砖，这类产品均定位于高端市场，从销售额显示，公司成功另辟市场，最畅销抛晶砖产品包括"黑金花"系列和"玉石"系列。

（4）瓷片。瓷片不同于瓷砖由泥沙制成，相比之下更为柔韧且具有较高吸水率，定位于中档及大众市场。公司最畅销的瓷片产品包括"缤纷世界"系列和"喷墨"瓷片系列。

（二）卫浴产品

公司以"东鹏"品牌销售的卫浴产品分为陶瓷卫浴产品及非陶瓷卫浴产品。这些产品定位于中高档市场，并广泛应用于住宅及商用物业卫生间。

2013年5月，公司向部分关联方收购卫浴产品业务，这是公司重组扩张的一部分。公司计划充分利用瓷砖与卫浴产品之间的品牌协同效应，以及交叉销售机会，以提升公司产品市场份额。

1. 陶瓷卫浴产品。

（1）坐便器。包括备有不同设计的连体及分体坐便器，公司的坐便器具有多项特色，如水力强劲但冲水系统宁静、高效节水及采用易洁表面设计。此外，公司提供智能坐便器及坐厕，具有传感器控制功能。

（2）洗手盆。包括柱式、上式、下式、挂墙式及器皿式等不同设计方式的洗手盆。

（3）其他产品。公司也提供其他陶瓷卫浴产品，如小便器及冲水箱。

2. 非陶瓷卫浴产品。

（1）浴缸。包括备有不同设计风格和规格的独立及嵌入式浴缸。公司的浴缸产品拥有水力按摩、气泡按摩、蒸汽、智能控制及多媒体娱乐等特点。

（2）卫生间橱柜。公司不同设计的卫生间橱柜产品能配合公司的洗手盆及其他卫浴产品，以提升功能及时尚感。

（3）配件。除上述主要产品外，公司也提供各式各样的卫生间配件，包括地漏、淋浴头、管子、毛巾架、浴室暖灯、水箱、给皂器及其他配件，一应俱全。

三、公司竞争优势

（一）中国家装行业主要领军者，拥有强大品牌知名度

公司经过40多年的发展，所积累的经验及能力，使公司占领市场领先地位。公司具有地标项目、企业荣誉、行业标准设立和产品质量获认可等方面的品牌优势。

（二）持续专注创新，提供全品类产品，引领行业潮流

公司持续开发并推出"拳头"新品，产品迅速获得消费者认可，并经常被同行仿制，推出多年来仍在公司最畅销产品之列。这些产品有助于公司推动中国建陶行业发展趋势，并提升公司定价能力。

公司持续在市场推出成功新品的能力，主要依赖在产品创新及开发方面狠下功夫。公司的产品组合在行业主要竞争者中最为全面，让公司得以迎合不同市场需求，并能为消费者提供一站式解决方案。

（三）有效控制全国销售网络和对经销渠道

公司通过广泛的全国性网络营销，有效渗透到各个城市。公司产品

通过覆盖中国各省份、自治区和直辖市 388 个城市的全国网络，由经销商及直销渠道进行推广及销售。经销渠道与直销渠道相互配合，让公司能与消费者保持直接沟通，以了解第一手市场资讯。通过经销商与直销之间的平衡，让公司减少对任何特定销售渠道的依赖，从而更好地管理整个销售网络。

（四）拥有配合市场扩张的物流网络

根据 F&S 报告，公司的物流网络是中国陶瓷业中最大的。目前，公司物流网络包括位于生产基地附近的 5 个中心仓，以及位于国内策略性位置的 20 个区域仓。

（五）有效推行提高运营效率的 SAP 系统

公司全面推行的 SAP 企业资源规划系统，配合公司市场扩张及渗透计划，可以在竞争对手中脱颖而出。自 2007 年起，分阶段推行该系统，在不同方面有助公司提高运营效率。

（六）拥有经验丰富、投入及有远见的管理团队

公司拥有一支经验丰富、投入及有远见的管理团队，他们拥有丰富的营运专业知识，并对中国家装行业有深入了解。公司的创办人兼董事长 36 年的职业生涯，都奉献给公司及行业，现为行业官方协会——中国建筑卫生陶瓷协会副会长。董事长领导公司重组、扩充（包括收购其他倒闭公司），提高公司盈利能力，成就了今天的东鹏。

公司管理层其他成员对本公司也贡献良多，在各自领域平均拥有 20 多年的经验。此外，在完善企业管治架构和制定发展策略方面，公司也得到首次公开发售前投资者红杉资本的大力支持。相信在公司管理团队的领导下，日后将继续为公司实现可持续增长。

四、公司业务策略

公司的长期目标是成为中国家装行业集中开发瓷砖及卫浴产品的领军者，公司拟通过实施六大业务策略，使公司有效参与市场竞争，努力实现长期目标。

（一）持续加强公司品牌建设，巩固市场领军地位

公司持续加强品牌建设，计划采取的措施包括扩大联合营销力度、增加媒体曝光、与著名国际设计师进一步合作，以及提高零售门店选址能力等。

（二）持续扩充公司营销网络及加强经销商管理

公司的瓷砖产品零售门店（包括自营及经销商）不断扩充，并计划持续提高一二线城市的渗透率。

此外，公司相信中国较小城市在高级家装产品领域拥有庞大的未开发市场。因此，公司计划进一步下沉至三四线城市及县级地域，并侧重开拓浙江、四川及河北等经济较发达的市场。

（三）提升单店营业力

公司将继续通过进一步提升门店服务质量、推出虚拟展厅、提高设计与装饰一致性、增加客户来访和提高交叉销售机会等方法，提升单店营业力。

（四）进一步扩展公司卫浴产品业务

作为2013年5月重组的一部分，公司已完成收购部分关联方的卫浴产品业务。公司拟通过下列措施进一步扩张业务：扩充销售渠道、提升产能，并通过内包加强质量监控。

(五) 持续加强产品组合及提高营运效率

公司拟继续优化产品组合及提高营运效率,方法包括优化产品组合、加强预测销售及采购能力、统一采购,以及提高生产效率。

(六) 选择性寻求收购和投资机遇

公司认为,目前中国的家装市场高度分散,为业务合并提供大好时机。公司曾成功收购及合并倒闭企业,并将其经营情况逆转。虽然公司现时并无任何具体收购目标,但相信通过成功有序的收购方式,将有助公司继续巩固市场地位及进军新兴市场。未来,公司继续寻求可配合公司现有产品组合、品牌及经销渠道的收购机遇。

第三节 阿米巴经营的导入背景与过程

一、阿米巴经营的导入背景

公司管理采用传统的职能制,各职能单位管理者在各自业务范围内,有权向下级发布命令和指挥。同时在公司组织架构上,包含各地区的营销、市场、生产、研发、物流、财务、信息、后勤等职能部门,各级管理者除了服从上级指挥外,还要服从上级各职能部门的指挥,实行的是多头领导的上下级关系。

职能制固然有其优点,但其缺点也很明显,包括不便于行政组织间各部门的整体协作,容易形成部门间各自为政的现象,使行政领导难以协调;多头领导不利于建立和健全各级行政负责人和职能部门责任制,在中间管理层中往往会出现"有功大家抢,有过大家推"的现象;在上级行政领导与职能单位的指挥和命令发生矛盾时,下级无所适从,影响工作正常开展，容易造成纪律松弛、生产管理秩序混乱等情况。这些缺点在公司中有不同程度的存在。

而且公司董事长发现，不同层级的管理者只对自己分管的部门感兴趣，且仅对自己部门承担责任，较少协助其他部门开展工作。因此，难以发挥团队协作的力量。同时，有的管理者对自身的经营责任也不太明确，他们仅对"完成业务"负责，而对"业务完成结果"所应抱有的责任感较弱，只有董事长一人真正对管理者的业务完成结果负责。当部门之间发生利益冲突时，多数由董事长出面协调或判定。所以，董事长除了要完成所要做的重要经营决策外，还须承担许多本来应由下属来进行判断的工作。这种情况下，职能中心制的优势就会被削弱。

另一方面，现场负责人不懂得如何提升生产效率与核算相结合，生产基地也没有对各条生产线/各道工序进行精细管理。而且基层员工明知道有浪费存在，但也会视而不见，因为他们只关注自己的收入和岗位，这与"我只管按时上下班，公司赚不赚钱与我无关""我不知道这样做是否合理，就让上级来决定吧"的传统价值观有关。

因此，公司业绩的好坏与己无关"员工不急老板急"经营压力难以往下传达等问题，一直困扰着公司董事长。尤其随着公司在港交所上市，业绩压力非常大。但由于董事长的危机意识很强，学习能力也很强，为了实现公司"百年企业，世界东鹏"的愿景，他平时非常注意汲取各种知识和学习先进管理方式。

在一次偶然的机会下，董事长参加了稻盛和夫经营哲学报告会，也阅读了《活法》等书籍。他认为，通过导入阿米巴经营，能够解决困扰他许久的公司发展问题。同时，公司行政副总裁在自学阿米巴经营和参加京瓷咨询公司的专业培训后，也对公司导入阿米巴经营表示赞同。

为了不断提升内部管理水平，满足公司长远发展要求，公司于2012年11月逐步将阿米巴经营导入直营体系，并于2014年决心全面导入阿米巴经营模式。通过公开招标，最终从全国7家优秀服务商中，决定与京瓷阿美巴管理顾问（上海）有限公司（以下简称"京瓷顾问"）达成战略合作，让其帮助公司推进阿米巴经营。

在导入阿米巴经营时，公司希望实现以下四点目的：

1. 确立部门独立核算制度。重新将组织划分为有收入的核算部门和没有收入的非核算部门。在明确各部门的功能和责任的同时，要明确各部门的核算制度。

2. 管理各部门的核算。在确立各部门核算制度后，需要通过一系列工作来促使各部门负责人，能够专心致力于提高所辖部门的核算。通过设立月度收入目标、控制不必要的费用投入等，实现所辖部门的收入最大化和费用最小化。

3. 培养具有经营者意识的人才。部门负责人和成员一起探讨提高部门核算的策略。在开展业务时，部门负责人能够迅速进行判断，并予以执行，以便提高部门核算，从而多培养一些具有"经营者意识"的人才。

4. 实现全体员工共同参与经营。阿米巴经营的创始人稻盛先生指出："经营公司不能只靠一部分的领导，而是要全体员工共同参与经营。"公司以此想法为基础，尽可能把公司分割成若干个细小组织，并以通俗易懂的方式公布各部门业绩，让全体员工以主人翁精神去参与经营。

董事长强调："阿米巴经营是在提高自己部门核算的同时，也需要积极协助其他部门提高核算。"这与"全体员工都拥有主人翁精神，和衷共济，诚信立业"的公司经营方针一脉相承。董事长还指出，"需要构筑将提高自己部门核算的'自利'精神与协助其他部门提高核算的'利他'精神相结合的'企业文化'，从而推进阿米巴经营的导入与运用。"

二、阿米巴经营的导入过程

导入过程如图 3-1 所示。

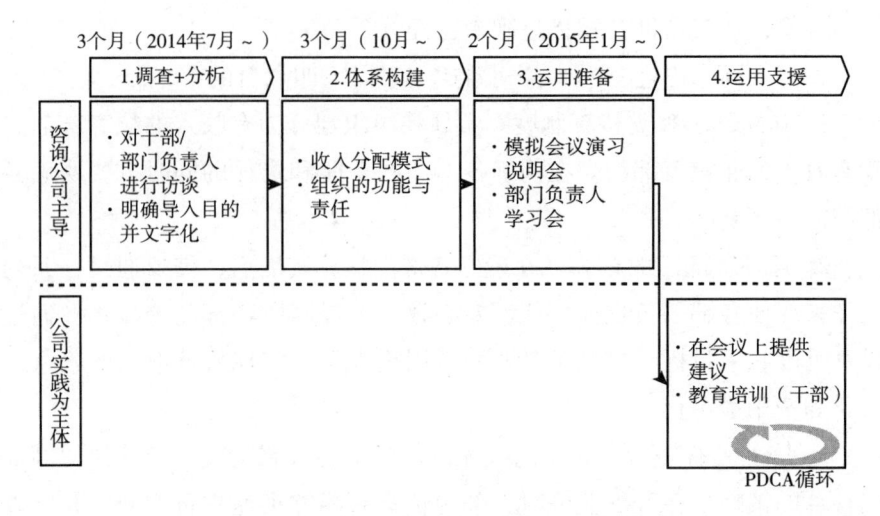

图 3-1　公司阿米巴经营导入过程（京瓷顾问制作）

第四节　阿米巴经营模式的建立与核算

一、阿米巴经营的起点——组织架构建立

（一）组织架构建立的条件[①]

不夸张地说，如何划分复杂的公司组织，会直接影响到阿米巴经营的成功与否。但是，并非单纯地将组织进行细分，而是须结合以下三个条件来探讨、构建。

1. 细分的阿米巴为了能够独立核算，必须有明确的收入，并能够清楚计算获得收入所要花费的支出。

[①] 稻盛和夫著，曹岫云译：《阿米巴经营》中国大百科全书出版社 2016 年版，第 40-44 页，京瓷阿美巴管理顾问（上海）有限公司也是按照这三个条件帮助客户公司建立阿米巴组织。

2. 作为最小组织单位的阿米巴，它必须是能够独立完成一项业务的单位。

3. 组织分割必须有利于贯彻执行整个公司的目标和方针。

（二）组织变更

京瓷在公司导入阿米巴经营的过程中了解到，公司是根据计划部门的指示来决定生产数量，而且计划部门与销售部门之间的沟通甚少，因此导致销售部门所需要的产品没有足够库存，反而销售部门不需要的产品却有大量库存，而且该由哪个部门承担库存产品的销售责任并不明确。

随着阿米巴经营的导入，方针转变为原则上需要根据销售部门的要求来决定生产数量，计划部门转变为参谋的角色，库存产品的销售责任全部由销售部门负责。

梳理后的组织架构见附录。

二、PC 部门与 NPC 部门

（一）什么是 PC 部门与 NPC 部门？

为了完善核算管理体系的基本要素——组织，企业除了梳理组织结构、定义各部门职能和责任外，还需要对各部门进行 PC（profit center）和 NPC（non-profit center）的部门性质定位，进一步明确部门间的核算关系。

PC 部门：被定义成"利润中心"，在阿米巴经营中通常被称为"核算部门"，是企业中直接对利润负责的部门。

NPC 部门：被定义成"非利润中心"，在阿米巴经营中通常被称为"非核算部门"。为了企业正常运作，NPC 部门虽不直接对利润负责，但有其存在的必要性。

在阿米巴经营管理体系中，所有部门都会被要求设定为 PC 或 NPC。公司目前有 157 个 PC 和 172 个 NPC，作为"阿米巴负责人"（即部门负责人），首先必须了解自己所管辖的阿米巴单元的性质，可通过查阅组织架构来获知部门性质是 PC 还是 NPC。

（二）PC 与 NPC 的共同之处

无论 PC 还是 NPC，除了以"利己"的行动原理来追求自身实绩数据提升以外，同时需要具备"利他精神"，要考虑其他部门的利益。特别是阿米巴负责人，应站在公司立场进行经营思考、开展经营活动，不应该为了达成自己的预定目标，而忽略对其他部门提供支援，甚至损害其他部门的利益，从公司文化角度来说是不被允许的。

（三）PC 与 NPC 的不同之处

1. PC 要在保证产品或服务质量的前提下，努力提高收入、减少费用、减少所用的时间，以提高"单位时间附加值"，需要注意的是：

（1）PC 部门同时需要承担同系统（或部门）内的 NPC 部门费用，为了减少这部分费用，PC 部门负责人应与 NPC 一起研究如何在保证获得有效支持的前提下，减少需要分摊的费用和时间。

（2）总部会向 PC 部门征收费用，以作为总部各部门向 PC 部门提供服务的代价，现行规则为：征收费用 = 固定单价 × PC 部门的工作时间（其中销售部门的固定单价为 18 元/小时，生产部门为 9 元/小时）。

2. NPC 要在保证给 PC 提供有效支持的前提下，尽量减少费用和工作时间。

三、生产及其阿米巴的设立

目前，公司拥有五大瓷砖生产基地（分别位于广东佛山、广东清远、山东淄博、江西丰城、湖南澧县）和五大洁具生产基地，现已大幅扩充产能，生产基地的利用率相对较高。

（一）生产模式

国内建陶企业的主要生产模式包括备货式生产模式、订单式生产模式,以及备货式与订单式相结合的生产模式。

1. 备货式生产模式,指企业在对市场需求量进行预测的基础上,有计划地安排生产,保持一定量的库存产品。这种生产模式通常用于大批量、标准化产品生产,该模式能有效提高生产效率,具有明显的规模效益。

2. 订单式生产模式,指在收到客户订单后,按客户的具体要求安排生产。由于是按订单交货日期生产,产品生产出来以后按照客户要求交货,所以成品库存量很少。生产管理的重点是确保产品质量及交货期,按交货期要求,保持生产过程中各环节的衔接平衡。

(二) 瓷砖产品主要生产步骤

1. 抛光砖的主要生产步骤如图 3-2 所示。

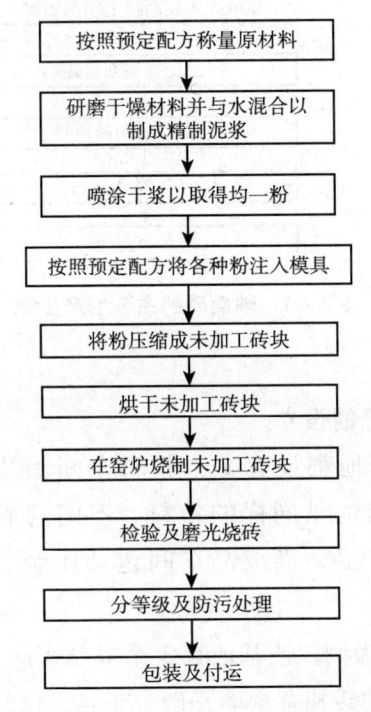

```
按照预定配方称量原材料
        ↓
研磨干燥材料并与水混合以制成精制泥浆
        ↓
喷涂干浆以取得均一粉
        ↓
按照预定配方将各种粉注入模具
        ↓
将粉压缩成未加工砖块
        ↓
烘干未加工砖块
        ↓
在窑炉烧制未加工砖块
        ↓
检验及磨光烧砖
        ↓
分等级及防污处理
        ↓
包装及付运
```

图 3-2 抛光砖的主要生产步骤

2. 釉面砖的主要生产步骤如图3-3所示。

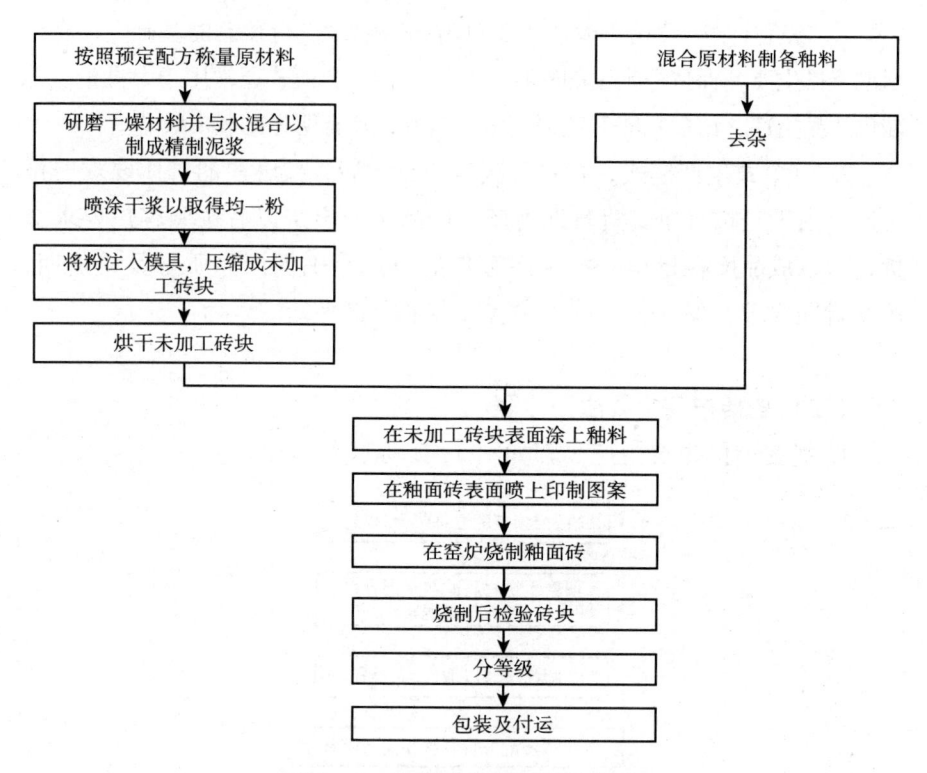

```
按照预定配方称量原材料                    混合原材料制备釉料
         ↓                                    ↓
研磨干燥材料并与水混合以                      去杂
   制成精制泥浆                               │
         ↓                                   │
喷涂干浆以取得均一粉                          │
         ↓                                   │
将粉注入模具，压缩成未                        │
      加工砖块                               │
         ↓                                   │
  烘干未加工砖块 ──────────┐                 │
                          ↓                  │
                在未加工砖块表面涂上釉料 ←────┘
                          ↓
                在釉面砖表面喷上印制图案
                          ↓
                  在窑炉烧制釉面砖
                          ↓
                   烧制后检验砖块
                          ↓
                        分等级
                          ↓
                     包装及付运
```

图3-3 釉面砖的主要生产步骤

（三）生产阿米巴的设立

公司每个生产基地都设有1个粉料车间和几个成品车间，粉料车间为所有成品车间提供同样的粉料，不同的成品车间则生产不同规格和不同工艺的产品，而成品车间包括压制、烧成、抛光、磨边等流程。

以佛山生产基地为例，该基地有3个成品车间，分别生产600毫米仿古砖、600毫米抛釉砖和背景墙瓷砖，于是，该基地设立4个PC，即1个粉料车间和3个成品车间各为1个PC。

四、销售及其阿米巴的设立

公司绝大部分瓷砖产品以"东鹏"品牌在中国销售,公司的产品批发经销主要针对一级经销商。除了通过一级经销商销售外,公司还通过自营直销渠道,向零售客户(通过公司自营零售门店)、直销企业客户(如房地产开发商、室内设计及装修公司、建筑公司等),以及直营经销商销售瓷砖产品。

截至 2017 年 3 月 31 日,公司瓷砖、洁具产品经销商体系覆盖全国大部分省份和县级市,其中瓷砖经销商 1881 家,经销商门店 3890 家;洁具经销商 337 家,经销商门店 997 家。在经销体系之外,公司还建立 91 家瓷砖直营店/展厅,3 家洁具直营店/展厅。

(一) 销售模式

1. 经销渠道。公司将大部分瓷砖产品售予一级经销商。一级经销商主要职责包括:管理二级经销商及零售门店、营销及推广、运输及物流。一级经销商一般通过其二级经销商或直接经营零售门店,销售公司产品。同时,负责将产品由公司仓库,运送到二级经销商及零售门店。

在挑选一级经销商时,公司会考虑多个因素,包括行业经验、管理二级经销商及零售门店的能力、销售及经销过往业绩、在指定地区发展及经营零售门店网络的能力及财力资源。

除国内销售以外,公司将部分瓷砖产品销售至海外 60 多个国家,包括加拿大、澳大利亚、美国、墨西哥及巴西。公司将产品售予各国当地的经销商,再通过他们的批发及零售网络,经销公司产品。

2. 直销渠道。2007 年,公司开始扩张直销渠道。公司直销渠道战略旨在进军一级经销商并未完全覆盖的三四线城市的新市场,以及在上海、深圳、广州等具战略意义的一线城市市场,有效建立稳固的市场地位，这对公司提升品牌形象及直接了解最新的消费者喜好及设计潮流至关重要。

公司的自营直销渠道包括自营零售门店、直营经销商及直销企业客户，如房地产开发商、室内设计及装修公司以及建筑公司。这些直销渠道使公司与消费者保持直接联系，及时了解市场趋势。

目前，公司设有8家直营子公司，分别覆盖上海、广州、深圳、佛山、青岛、云南、广西及陕西，监督公司在这些地区的自营零售门店及直营经销商的销售情况。

3. 销售管理及支持。公司通过区域销售管理分部、地方销售管理团队及直营子公司管理及支持公司庞大的瓷砖产品销售及经销网络。截至2017年6月，公司设有3个区域销售管理分部，分别管理及支持华北地区、华中地区及华南地区的一级经销商。为进一步提高销售效率及优化决策，公司在区域销售管理分部辖下另设18个地方销售管理团队，其中设在华北地区5个、华中地区6个及华南地区7个。

区域销售管理分部主要负责确定区域定价及销售政策，以及协调区域营销及推广活动。地方销售管理办事处主要按区域销售管理分部指示负责为各一级经销商设定销售目标、协调产品订单、装运、物流及付款、全面监督经销商及第三方零售门店，以确保他们遵守公司的销售政策及指引，以及评价经销商及第三方零售门店的表现。公司的8家直营子公司直接管理及支持其各自区域的直营经销商以及一级及二级经销商。

4. 营销及推广。营销及推广活动是公司营运的关键一环，对公司品牌形象及销售额有巨大助力。公司已制定针对经销商及终端客户的营销及推广活动，公司产品营销及推广活动分全国及区域两个层面开展。

在公司层面，公司直接进行全国范围的营销活动。在区域层面，公司直接在直营子公司所覆盖的区域，分别就公司的瓷砖及卫浴产品，开展营销及推广活动。在其他区域，公司主要倚赖一级经销商开展营销及推广活动，而相关活动的成本至少一半由经销商承担。

公司5个区域营销中心（华北、华中、华南、西北及西南地区）会协调不同区域的营销活动，并为经销商制订其宣传策略及营销计划，为经销商提供指引及协助。除了在国内销售公司产品外，公司也通过 OEM 代工安排向海外销售部分卫浴产品。

（二）销售阿米巴的设立

公司5个区域营销中心和7家直营子公司是 PC，各营销中心下设多个 PC，直营子公司也可细化成多个 PC，如佛山子公司建立了家装、工程、电子商务、经销、展厅等多个阿米巴单元。

五、核算表的设计思路

（一）核算表格式

公司销售的核算表见附录，针对各项目如何取数，公司制定具体的规则，比如"对外出货"科目，是指"生产的产品进入仓库的同时，并将产品责任转交予销售时的金额"。

供应链与制造系统各部门根据 SAP 系统上的"生产入库单"，把检查完毕的产品，搬运到指定成品仓区域。然后，通过 SAP 系统进行单击"保存"按钮确认后，计入生产基地收入。作为阿米巴负责人，了解核算表的构成、各科目含义、取数依据是非常必要的。各条生产线和各道工序的核算情况如图 3-4 所示。

与销售核算表的原理类似，公司同时使用生产核算表，生产核算表的格式与销售核算表的格式类似。

（二）核算表说明[①]

1. 核算表的构成。阿米巴经营中需要基于单位时间核算表这一经营

[①] 文中用"『』"所表示的内容摘自京瓷阿美巴管理顾问（上海）有限公司制作的运用操作手册。

明确各条生产线/各道工序的核算情况，
更易发现产生问题的生产线/工序

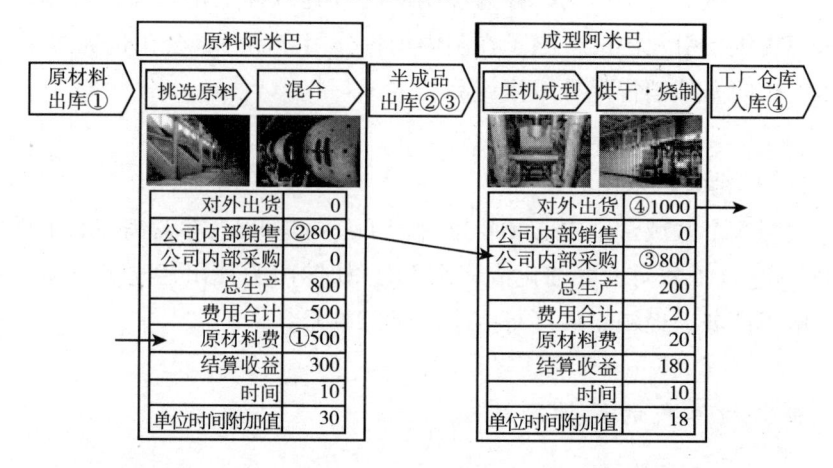

原料阿米巴			成型阿米巴	
原材料出库① → 挑选原料 → 混合	半成品出库②③ →	压机成型 → 烘干·烧制	→ 工厂仓库入库④

原料阿米巴：
对外出货	0
公司内部销售	②800
公司内部采购	0
总生产	800
费用合计	500
原材料费	①500
结算收益	300
时间	10
单位时间附加值	30

成型阿米巴：
对外出货	④1000
公司内部销售	0
公司内部采购	③800
总生产	200
费用合计	20
原材料费	20
结算收益	180
时间	10
单位时间附加值	18

图 3-4　生产线和工序的核算情况（京瓷顾问制作）

注：图片仅供参考。与实际现场不同。

分析参考资料，开展各自部门的经营活动。为了达成"全员参与经营"的目的，单位时间核算表设计得如同家庭记账本一样，其构造简单，即便是没有会计专业知识的人也能看懂。基本构成如图 3-5 所示。

《单位时间核算表》
简单易懂的设计

公司经营的原理原则
- 销售额最大
- 费用最小

"单位时间核算"的思维方式
- 销售金额 − 花掉的费用 = 赚到的钱
- 赚到的钱 ÷ 花费的时间 = 单位时间附加值

提高"单位时间附加值"的方法
- 销售额最大↑
- 费用最小↓
- 时间最短↓（提高效率）
- 提高单位时间附加值↑

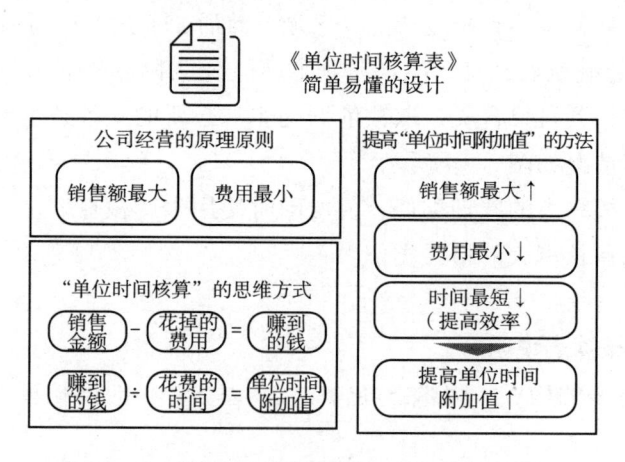

图 3-5　单位时间核算表的构成（京瓷制作）

『2. "结算收益"和"单位时间附加值"的含义。

结算收益：即该部门成员在一个月的工作中创造的附加值，也可以说是反映市场上认可该部门工作价值的指标。

单位时间附加值：即通过"结算收益"除以"时间"的结果，来表明该部门的单位时间附加值。

在阿米巴经营中，不仅仅重视对利润的追求，也要重视通过辛勤工作开发出符合客户需求的产品、削减成本和提高销售额的方式，以及如何为社会作出贡献，而利润是追求以上产物的结果。这样考虑的话，应该更致力于提高阿米巴负责人的人格魅力，提高组织管理水平、提高阿米巴整体水平，因为这是提高"单位时间附加值"的关键所在。也就是说，即使阿米巴之间有激烈竞争，也要为了公司的发展群策群力、共同进步，共同追求幸福。』

六、核算规则的制定

阿米巴经营中基本运用规则的思路

1. 将基于部门职能的活动结果反映在核算表上。需要根据各部门的职能，将收入、费用、时间等活动成果，作为部门实绩进行正确统计。通过明确对数字负责的部门，从而萌生阿米巴负责人和成员对于数字的责任意识，这与工作中所感受到的成就感是紧密关联的。另外，关于费用和时间的统计，基本上是计入对费用和时间负有管理责任的部门（即发生费用和时间的部门）。通过这样的规则，让各部门持有需要管理这些数字的意识。

『2. 公平公正、简洁明了。为了明确把握各部门的经营状况，操作规则必须公平公正，避免为某一部门提供特殊的便利。阿米巴经营的最终目标之一是促使全体员工共同参与公司经营。为实现这一目标，唤起全体员工参与经营的意识，操作规则力求简洁明了，避免出现只有具备专业知识的人员才能理解的复杂规则。同时，为了充分发挥员工的聪明才智，尽可能避免制定一些束缚部门自主性的烦琐规则，而且要注重规则的简单明了。

3. 实物和票据一一对应。为了避免经营决策上的失误，必须保证各项数据的高度准确性和可信性。因此，实绩必须跟随实物的转移和变化进行及时统计。而且在统计时，票据必须和实物一一对应。同时，基于注重对数据进行双重确认的观点，统计实绩的部门应该由与各核算部门无利害关系的管理部门来执行。

4. 实绩和余额互相对应。所有数据基本可以划分为两种：一种是实绩数据，另一种是余额数据。在统计各项实绩时，会产生相应余额（如采购余额、库存余额等）。在对实绩进行准确统计的同时，应该把余额作为一项重要指标来进行准确统计，这对于今后的经营决策是非常重要的。

第五节 阿米巴经营机制的运用

从运用阿米巴经营的观点出发，列举开展 PDCA 循环活动中需要注意的地方。

一、阿米巴经营的核算管理

与公司制订年度计划（目标）一样，各阿米巴也要制订年度计划（目标）。各阿米巴的目标达成与公司整体目标达成是密切相关的。各阿米巴负责人要以达成各自部门的年度计划（目标）为目标，灵活运用"部门独立的单位时间核算表"（如图 3-6 所示）。

（一）PDCA 循环

作为运用阿米巴经营的工具，每月通过"单位时间核算表"对自己部门的目标和实际情况的数值进行统计，同时使用"阿米巴任务单[①]"

---

① 任务单如附录所示。

以达成年度计划为目标进行运用

图 3-6　各阿米巴组织的年度计划（京瓷顾问制作）

来记录每月自己部门的具体工作计划。"单位时间核算表"和"阿米巴任务单"上有"预定①"与"实绩"的填写栏。通过每月一次的 PDCA 循环，对自己部门进行管理，对每月实施的 PDCA 循环活动进行提案，各部门自行思考。思考措施如图 3-7 所示。

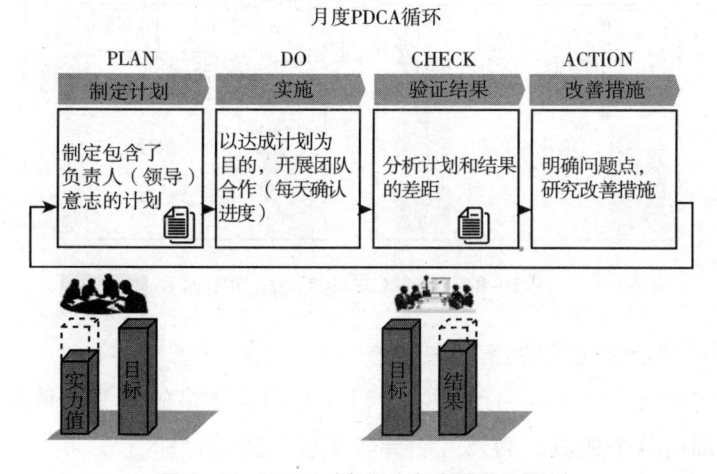

图 3-7　PDCA 循环（京瓷顾问制作）

---

①　这里的"预定"是由京瓷公司定义的术语，指的是包含着阿米巴负责人的一定要达成的强烈意志的月度数值计划。这不单纯是计划，而可以说成是"commitment"（承诺）。

（二）PC 负责人职责

通过每个月实施 PDCA 循环，可以找出自己部门内部存在的问题，从而持续提高工作效率。同时，还可以在部门内形成持续改善的习惯。

此外，为掌握自己部门的实际情况，必须制定实绩核算表、阿米巴任务单等资料。负责人可以通过查看收入、费用、时间等明细，来详细掌握自己部门的情况。因此，部门负责人可通过以下方式实施 PDCA 循环活动：

1. 制定当月预定（PLAN）。PLAN 要求经营者乐观地构思计划、悲观地制订计划、乐观地执行计划（见图 3-8）。

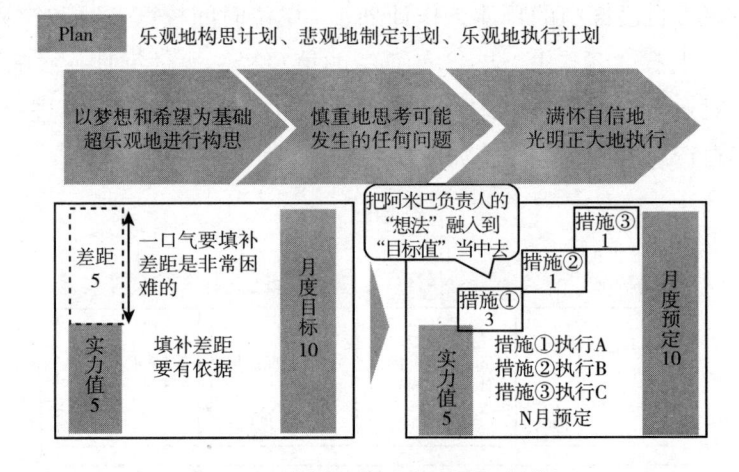

图 3-8 计划环节（京瓷顾问制作）

（1）制定预定的要点。

制定完成自己部门月度预定（目标）的具体措施，并把该措施明确传达给部门各个成员，激发并引导各个成员完成目标。

预定核算表。从自己部门的"收入最大化""费用最小化"和"时间最短化"的角度着手，制定预定核算表。

阿米巴任务单。关于自己部门的收入要如何提升、费用要如何削减；根据自己部门的业务或人员配置应如何合理减少时间，要将具体内容填写到任务单中。

例如,要使营销系统销售额最大化的工作任务可分为"增加老顾客交易金额""提升新顾客数量"等。但是,这些分类都是抽象的,要通过行动来实施,需要更具体的实施方案、策略。通过将各要素进行分解,就能明确具体策略和工作指标,例如"提升新顾客的数量"的任务单可以具体分解为"和某个区域里 10 个没有交易的顾客进行商谈,并让其成为公司客户"。

与此同时,还要考虑紧急程度和金额影响程度,从而确定任务的优先顺序和目标值,最后确定任务负责人和实施日期。在所有 PC 部门中,实施这些工作需要通过明确措施,从而使 PC 部门的活动取得最好效果。

通过同样的方式,将"费用最小化"和"时间最短化"的实施策略具体化。

部门负责人要将已经确定的"预定核算表"和"预定任务单"内容,向部门全员公开、共享。通过召开部门内部会议等方式,让全员在有强烈达成目标的意识基础上再投入工作,其结果会更有成效。

(2)制定预定的注意事项。

负责人应该有明确的目标。阿米巴负责人应该时常描绘部门的宏伟蓝图,也就是说可以用单位时间核算表、销售目标等来量化部门蓝图。对部门未来拥有设想,才可能产生改善部门业绩的动力。在目标数字中,融入部门愿望,可以促使部门成员自发产生达成各项数字目标的意识和动力。

阿米巴负责人要和经营高层保持方向一致。阿米巴负责人和公司经营层的目标保持一致,将会产生一股强大的力量。所以,阿米巴负责人必须正确理解经营层的基本思想和各项方针政策,明确自己所承担的义务和责任,以及对公司整体所产生的影响,在此基础上设置目标是至关重要的。

和部门成员共享目标。阿米巴成员拥有共同的目标,有助于集结大家的智慧来提高单位时间附加值。并且,全体阿米巴成员将会同甘共苦，共同分享达成/未达成目标的喜怒哀乐。拥有共同的目标，是促进全体员工参与经营的基础。

明确达成目标的具体行动。完成目标的设定，并不等于一定能够完成目标。必须明确完成目标的课题，同时必须拥有各个课题一定被解决、预定会完成的具体措施。

阿米巴负责人须告知成员达成预定的方法，给予其明确目标。要把达成预定的各项措施落实到各部门或个人，让各阿米巴成员切身体会到，完成个人目标就等于实现集体目标。所以，如果每位成员都能够确切完成个人目标，那么汇集起来将会创造出非常辉煌的业绩。』

公司上半年以分析单月预定与实绩差异、提高次月预定为目标，将彻底开展月度 PDCA 循环活动，作为首要任务开始运用。下半年，在单月管理基础上，公司实现各部门以单位时间核算表的格式来制定年度计划，并落实以阿米巴组织为单位，对年度计划、月度预定和进度差异进行确认的管理体制。通过这种机制，若月度预定没有完成年度计划，那么就要在思考如何挽回进度的前提下，制定次月的预定。

『2. 对预定完成进度进行管理（DO）。DO 是要求和伙伴共同分享每天工作进度，快速应对达成预定（见图 3-9）。

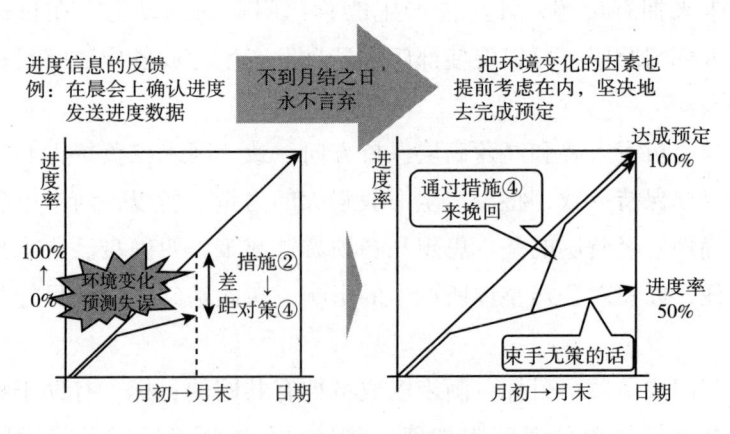

图 3-9　执行环节（京瓷顾问制作）

每天确认工作进度,根据实际状况的变化快速响应。

每天确认主要科目(如"销售额""销售额成本""原材料费"等)的完成进度,进度滞后的话,马上对要完成进度的内容进行处理。为此,需要根据月度预定,将每天的完成率通过图表,使其可视化,并通过在晨会上发表等方式,明确具体的实施策略。

如果进度落后于预定,就要立刻讨论对策,设法挽回落后的进度。因此,在每天的晨会、每周的会议上,让全员了解工作开展的进度十分重要。』

京瓷提供以下建议:公司建立每天确认进度的管理体制,为提高月度预定达成率;构建将主要项目"销售额""总生产""销售成本""原材料费"等每天的实绩数字,迅速反馈到现场各阿米巴负责人的机制。这样,可通过现场把握每天进度,在进度落后月度预定的情况下,能及时采取相应对策,开展挽回进度的活动。根据月度预定,每天反馈给现场主要项目日报,以图表形式,反映每天的达成率,使其可视化。

『3. 预定与实绩的比较及分析(CHECK)。CHECK 是要求分析月度预定和实绩的差距,检查并总结产生问题的过程(见图3-10)。

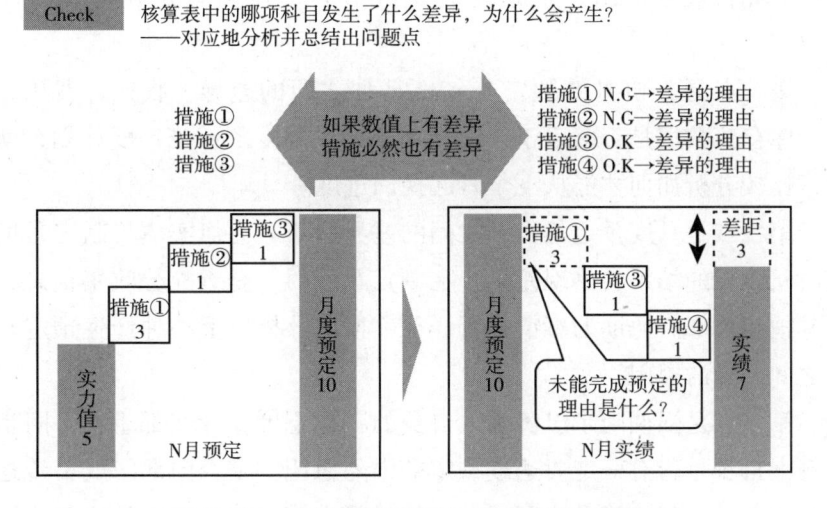

图3-10 分析差距的环节(京瓷顾问制作)

（1）追究和把握产生月度预定和实绩差异的原因。通过对当月的实绩核算表与预定核算表进行对比，从而确认当月完成情况。月度预定和实绩的差异可以从"收入""费用"和"时间"来分析，特别是要对差异大的或重要的科目进行详细调查，力求做到对各个科目发生差异的原因，进行详细把握和说明。

（2）不是"仅仅对结果进行检查"，而是"用结果来检查过程"。通过分析月度预定和实绩的差异，分析形成结果的过程，这就是所谓"用结果来检查过程"的概念。具体内容包括：

制定月度预定的方法是否正确？制定月度预定以前，是否收集完整的资料，自己部门的力量和目标之间的平衡是否合适？

阿米巴负责人是否持续地拥有达成月度预定的坚定意志？

部门是否对月度预定的内容有共识，是否全员都拥有达成月度预定的坚定意志呢？

为了完成月度预定，是否采取措施，措施正确吗？是否按照措施进行执行呢？

为了完成月度预定，有没有更好的对策呢？』

对此，京瓷提出"通过比较加深分析，强化差异分析能力"的建议。

第一点是分析月度预定与年度计划之间的差异。收入、费用、时间、库存等数据是否落后于年度计划？如果进度落后于年度计划，就要时常比较分析如何才能从下个月起挽回进度。

第二点是月度预定与实绩之间的差异分析。为何实绩与制定月度预定时所设想的结果会出现差异？在制定预定时，是否充分收集信息？委托其他相关部门协助的事情是否详尽？彻底分析以上种种产生预定与实绩之间差异的原因。

第三点是强调阿米巴负责人自身的工作态度比什么都重要。阿米巴负责人自身是否有一定要达成预定的强烈愿望？是否向部门成员传达要达标的方针？每位成员应开展的工作是否足够具体？这些都要关注阿米巴负责人在运用阿米巴经营时的姿态，从而提高运用水准。

4. 基于分析内容来制定下个月的预定（ACTION）。ACTION 是要以上月的成功和失败经验为基础，将改善措施反映至下月的预定中（见图 3－11）。

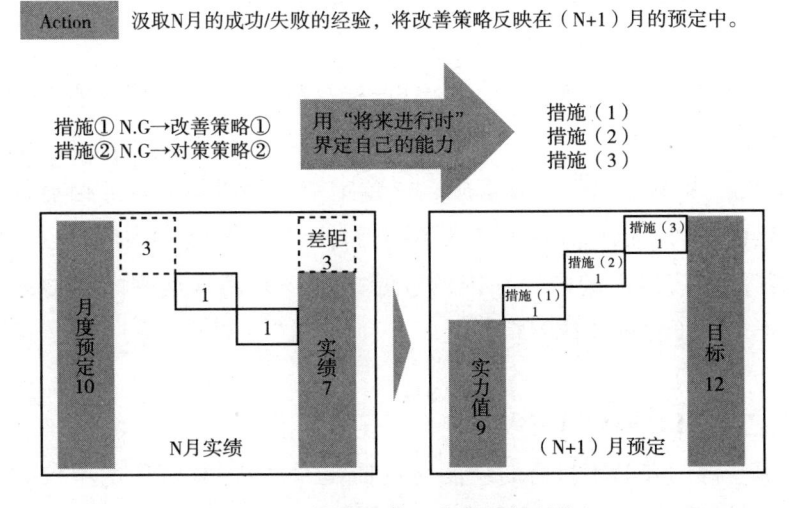

图 3－11 执行环节（京瓷顾问制作）

（1）把分析月度预定和实绩的差异结果，活用于次月的预定制定中。

"对应策略"。为了不重复上月的失败，把当月得出的"经验""知识""技术"等，应用到次月的预定中。

"预防策略"。即通过方法防止同样的失败重复发生，不仅仅是失败的状况，而且要将做得好的地方，持续运用到次月的预定中，构筑一个在任何环境都能稳健经营的体制才是最重要的。

（2）全员共同思考。解决问题的关键是通过部门会议，让全员共同思考解决方法，再由阿米巴负责人将成员提出的意见进行整理，并制定成解决方案。因为只有现场才有改善问题的办法。现场的当事人最了解现场，现场的员工碰到困难或提出改善需求/建议等任何小问题都很重要。如何让现场的员工发挥出他们的智慧和潜能，是阿米巴负责人的重要职责之一。

（3）使每次 PDCA 循环活动的质量形成螺旋式上升。对于 PDCA 循环活动，每循环一次，其质量能像螺旋状楼梯一样有所上升（螺旋上升）是非常重要的。这里所指的上升，不仅仅是核算的提升，也包含阿米巴负责人的经营者意识、部门成员的参与意识等个人思维方式的提升以及内心的成长。

关于明确具体措施，京瓷提出以下建议：为了使公司内能有效开展 PDCA 的循环活动，除了部门独立的"单位时间核算表"以外，还要用"阿米巴任务单"明确具体措施，对预定与实绩进行管理才会有效。另外，还可在阿米巴任务单上加入各部门自身应该改善的内容，以及包含委托其他部门协助的内容在内的改善措施，并确认这些内容的完成情况，把这些工作内化成习惯。

（三）NPC 部门负责人职责

NPC 部门要基于自身的功能与责任，为提高 PC 部门的单位时间附加值，提供直接和间接的支援。

1. 制定当月预定（PLAN）。制定完成自己部门月度预定（目标）的具体措施，并把该措施明确传达给部门各个成员，激发并引导各个成员完成目标。

（1）预定核算表。因为 NPC 部门没有部门收入，所以要从"费用最小化"和"时间最短化"的观点出发，制定自己部门的预定核算表。

（2）任务单。NPC 部门要从下述两点出发，制定任务单。

如何才能在贯彻自己部门功能与责任的同时，直接和间接地为提高相关部门的单位时间附加值做出贡献？

如何缩减自己部门发生的费用？如何让自己部门的工作时间和人员配置更为合理化？

以采购部门为例：采购部门的工作方针大体可分为"提高/维持材料品质""降低材料成本"和"确保材料准时送达材料仓库"等内容。

但是这些内容仍是十分抽象，要转化为行动，就需要有具体对策。

与此同时，还要考虑紧急程度和金额影响程度，从而确定任务的优先顺序和目标值，最后确定任务负责人和实施日期。

2. 对预定完成的进度进行管理（DO）。部门负责人要将已经确定的"预定核算表"和"预定任务单"，向部门全员公开、共享。通过召开部门内部会议等方式，让全员建立达成目标的意识。

若出现进度落后于预定的情况，就要立刻议论对策，设法挽回落后的进度。因此，在每天的晨会、每周的会议上，让全员了解工作开展进度是十分重要。

3. 对预定与实绩进行比较分析（CHECK）。通过对当月的实绩核算表与预定核算表进行对比，从而确认预定的完成情况。

（1）探究和解析产生月度预定和实绩差异的原因。通过对当月的实绩核算表与预定核算表进行对比，来确认完成情况。月度预定和实绩差异可以从"费用""时间"来分析，特别是要对差异大的或重要的项目，进行详细调查，力求做到对各个科目发生差异的原因进行详细把握及说明。

（2）不是"仅仅对结果进行检查"，而是"用结果来检查过程"。通过分析月度预定和实绩差异，可以检查形成结果的过程，这就是所谓"用结果来检查过程"的概念。具体内容如下：

制定月度预定的方法是否正确？制定月度预定以前，是否收集了完整的资料，自己部门的力量和目标之间的平衡是否合适等？

阿米巴负责人是否持续地拥有达成月度预定的坚定意志呢？

部门是否对月度预定的内容有共识，是否使全员都拥有达成月度预定的坚定意志呢？

为了完成月度预定，是否采取了措施，措施正确吗？是否按照措施执行呢？

为了完成月度预定，有没有更好的对策呢？

4. 基于分析内容来制定下个月的预定（ACTION）。在分析差异之后，为了防止再次发生上月的问题，需要确定对策，并且将该对策反映到下月的"预定核算表"和"预定任务单"中。

（1）把分析月度预定和实绩差异结果，活用于次月的月度预定制定。为了不重复相同的失败，把当月得出的"经验""知识""技术"等，应用到次月的预定中非常重要。要经营好企业，必须事前仔细分析，将可能发生的情况防患于未然。另外，不仅仅是突发状况，而且要将做得好的地方持续运用到次月的预定中，构筑一个在任何环境都能稳健经营的体制，这才是经营之本。

（2）全员共同思考。解决问题的关键是通过部门会议，让全员共同思考解决方法，再由阿米巴负责人整理成员提出的意见，并制定成解决方案。因为只有现场才有改善问题的办法。现场的当事人最了解现场。现场的员工碰到困难或提出改善需求/建议等任何小问题都很重要。如何让现场的员工发挥出他们的智慧和潜能，是阿米巴负责人的重要职责之一。

（3）使每次的PDCA循环活动的质量能有螺旋式上升。对于PDCA循环活动，每循环一次，其质量能像螺旋状楼梯一样有所上升（螺旋上升）是非常重要的。这里所指的上升，不仅仅是核算的提升，也包含阿米巴负责人的经营者意识、部门成员的参与意识等个人思维方式的提升，和内心的成长。

二、核算管理的平台——阿米巴经营会议

在阿米巴经营的实践中，经营会议也是最重要的一项内容。如果企业能够灵活运用经营会议，该企业的阿米巴经营模式运用可以说是已经做得相当成功。

（一）经营会议的目的

1. 贯彻公司高层政策（经营方针、经营计划等）；

2. 加深对经营数字的理解、学习提高核算业绩的方法及思维方式；

3. 使各阿米巴负责人明确各自部门的目标及指标，反省现状、畅谈梦想；

4. 统一各阿米巴负责人的思想目标和方向；

5. 培养具有经营意识的领导。

（二）公司经营会议前的思想准备

首先对于参加经营会议的阿米巴负责人来说，需要认识到经营会议是一个让所有经营高层和阿米巴负责人思考如何使公司往更好的方向发展的场所，需要如实汇报现状，抱着谦虚求学的积极心态比什么都重要。

往往对于不好的信息，大家会找各种各样的借口和理由。但是阿米巴负责人首先需要考虑的是："让经营高层作出毫无事实根据的判断有没有意义？""我已经绞尽脑汁了，所以如果还有其他更好的方法请传授于我。"阿米巴负责人需要以这种坦率、纯朴的心态来对待不好的信息。

（三）充实经营会议对策

1. 阿米巴负责人的对策。

（1）使之能够承担起解决问题的责任。对要解决的问题有想法（设想可以从某方面开始调查或着手解决），这就说明已经找到解决问题的方向，或是想到防止不良问题再次发生的方法。

（2）参考其他部门的汇报，取长补短，将好的策略用于自己部门的经营中。设想"其他部门所面临的问题发生在自己部门时，又该如何应对呢"这些内容等，总结当天在会议上所学到的要点。

（3）把会议上的内容反馈到部门内部。只有把会议上经营高层所阐述的内容带回部门内部，与部门成员分享，这才是开始贯彻公司政策的第一步。

（4）把重点放在预定（计划）汇报上。关于实际业绩的说明，主要汇报可以在下个月开始改善实践的内容。与最终的结果相比，预定的准确性是多少，这是需要通过时间来验证的。整个汇报时间大致设定为：实绩：预定 = 3:7。

（5）会议之前确认所有不明白的内容。不管是否达成目标，都要做到能够将自己部门核算表的所有内容说明清楚。虽然并非要汇报全部内容，但是要有事先了解全部内容的意识。就要像了解自己的存款一样来了解核算表的内容。

（6）必须进行汇报练习。归纳需要重点汇报的内容，能够让经营高层及其他部门的阿米巴负责人对其提出有益的建议和意见，从而提高会议效率。

2. 经营高层的对策。

（1）梦想、目标、理想必须由经营高层提出。通过会前与会后感想与点评、提问、提出建议，慷慨激昂地汇报"公司应有的姿态""负责人应有的心态""目标达成的使命感""感想"等是非常重要的。

（2）关于年度计划及核算预定的达成。培养"工作必须做到把目标实现为止"的责任感。"工作必须做到把目标实现为止"有两个含义：一个是激励员工为了目标达成，竭尽全力地工作；另一个是为了验证所制定的预定方案与最终实绩的差异在哪里。

（3）通过汇报指导负责人应具备的姿态。负责人的思维方式及答疑的对应姿态，是通过汇报方式和语言来展现的。经营高层指导负责人把握数字背后的思维方式和解决策略，并明确公司应有的姿态是非常重要的。

（4）将全体员工的智慧和力量在经营中得以发挥。在汇报会上，要为与报告内容有关的阿米巴负责人和有消极心态的阿米巴负责人提供发言机会，加强负责人的参与意识。有时候，经营高层也有亲自征求意见的必要。

（5）把经营指标定为单位时间附加值。经营高层越能频繁地把

"单位时间附加值"挂在嘴边,就越能让全体员工自然而然地意识到公司的共同指标。并且能够构建以单位时间附加值为基础的思考经营氛围。此外,有必要反复强调用"单位时间附加值"作为经营指标的目的。

(6)日常工作流程的必要性。不但依靠会议上的总结报告作经营判断,跟员工交流日常的核算状况,以及观察员工日常工作的姿态,同样非常重要。

(7)不仅是部门核算,还要使大家有意识关心公司核算。要意识到是所有阿米巴支撑着整个公司,这点非常重要。要指导大家能够意识到:"即使自己部门的预定目标达成了,但所属单位整体未达成目标的话,就须将自己部门的目标设定得更高。"

按照上面的对策,公司规定每月8日召开不同层级的阿米巴经营会议,而且来自全国各地的高管都要参与当天晚上召开的学习分享会,会议时间雷打不动。

第六节 阿米巴经营机制的运用效果与实施保障

一、运用效果

运用阿米巴经营机制以来,公司的财务业绩得到很大改善的同时,在人才培养和经营意识、管理者运用数字化思维方面的提升更明显,董事长认为,通过3年多阿米巴经营,已经实现当初导入的目的,这些目的包括:

(一)企业建立与市场直接挂钩的核算制度

财务会计算成本、核算利润是经营的结果,与市场变化无直接关系。现在，建立起与市场价格挂钩的内部定价，当市场价格下降，内部结算价也跟着下降，这样使制造、行政等部门有了市场意识，时间观念也随之增强。

（二）培养具有经营者意识的人才，尤其是中高层管理者的经营意识大大提高

原来的管理者都是打工心态，现在非常关注经营结果。通过阿米巴核算后，进行纵向和横向比较，管理者开始感到压力，即使与绩效考核不挂钩，但无形中为管理者带来压力。

（三）全员拥有参与经营的意识

现在，阿米巴核算已到班组和经营计划部，关注公司经营的员工越来越多。车间员工原来只关心质量、损耗、产量等与考核有关的指标，没有金钱的概念，花钱大手大脚，购买先进设备毫不犹豫。现在，生产线开始关心成本、费用，有当家做主的感觉。员工会通过改善设备，达到原本想达到的效果。另外，生产成本分解到车间工序后，员工有了金钱的概念，损坏1块瓷砖，就像丢了20元一样。

通过大力培养具有经营者意识的阿米巴负责人，提高基层员工的参与度，"让人人成为经营者"。如果基层员工都动起来，即便每一个组织仅改善或改良一点点，但是将所有组织的改善或改良的内容汇总起来，那么其影响就是巨大的。只有持续开展这类活动，公司才能做到基业长青。

二、实施保障

（一）对信息系统要求较高

公司在导入阿米巴经营的同时，由京瓷导入支撑阿米巴经营运用的IT系统。通过这个系统，公司能够轻松计算出各阿米巴组织的单位时间附加值。阿米巴经营核算需要信息系统的大力支持,因为数据的及时性对阿米巴经营运用至关重要。目前,公司按月进行核算。而做到按周甚至按日核算,"与业务实现无缝连接",是公司未来追求的目标。

(二) 高管重视和持续坚持

根据战略规划,公司确定当年的十大工作重点,俗称"十大工程"。阿米巴经营连续三年位列公司"十大工程"项目,足见公司高管对阿米巴经营模式的重视程度。

事实上,阿米巴经营模式就像中药一样,需要对企业整个机体进行慢慢调理,并非阿米巴组织架构搭建好就可以万事大吉。所以,持续坚持和长期实践才能看到效果。因此,公司确立了打"持久战"的决心。

(三) 良好的企业文化是推行阿米巴经营的基础

20年前,公司建立"和衷共济,诚信立业"的企业文化,"和衷共济"本身包含利他主义。后来,公司在其基础上增加"以客户为中心,以创造价值者为本"的文化内涵。

此外,公司的经营宗旨"通过创新的产品,优良的质量,一流的服务,为客户创造最大价值"也表明,公司高管认为利他是长期利益,需要长期坚持。

各种工具的专长不同,不可能通过一种工具解决企业所有问题。而阿米巴经营模式为公司向前发展,打下坚实基础。未来,东鹏将继续秉承"以此为生,精于此道"的企业精神,专心专注专业做好陶瓷,为广大客户持续提供满足个性化需求的产品与服务。与此同时,不断探索传统产业与"互联网+"的融合,践行"中国建陶工业2025",为实现"让中国陶瓷受世界尊敬"的伟大使命而不断努力!

第四章　富阳数马的阿米巴经营实践*

富阳数马装饰工艺品有限公司（以下简称富阳数马）成立于2008年，是日本数马（株式会社カズマ）设在中国的日本独资子公司，从2014年开始通过京瓷阿美巴管理顾问（上海）有限公司①导入阿米巴经营体系。导入阿米巴经营体系后效果显著，以至于日本集团总部也决定通过京瓷顾问开始导入阿米巴经营体系。

第一节　公司概况与导入阿米巴经营的目的

一、公司概况

富阳数马是日本数马集团在国内的生产基地，位于杭州市富阳区，是以窗帘为主要商品的时尚家居商品企划及制造销售的企业，富阳数马共有员工280名，其中日本员工不到10名。富阳数马自成立后经营业绩稳步增长，目前构筑起了集经编、染色、缝制、物流服务为一条龙的生

---

* 本案例由京瓷阿美巴管理顾问（上海）有限（简称"京瓷"）推荐。本案例的撰写得到了富阳数马装饰工艺品有限高管的支持与配合，在此特表示感谢。

① 京瓷阿美巴管理顾问（上海）有限是稻盛和夫亲自授意成立的隶属于京瓷集团下的全资子公司公司，是中国唯一一家能够提供正统的京瓷阿米巴经营咨询导入、阿米巴经营系统构建及阿米巴经营培训研修的咨询。

产销售体系。由于富阳数马是日本数马集团设在中国的子公司，所以95%的产品主要出口到日本，作为无印良品、尼达利（日文名称 NITORI）等家居连锁店的供应商，因此富阳数马的销售人员很少，且其工作主要是同总部的沟通协调，富阳数马的多数人员任职于生产制造环节。

二、导入阿米巴经营的目的

富阳数马董事长数马国治从 2009 年开始接触阿米巴经营体系，他非常推崇稻盛和夫先生的经营哲学，几乎研读了稻盛和夫先生的所有书籍。经营到一定阶段，董事长感觉行业竞争无统一的品质标准，均按照自己的标准进行生产。而客户则对产品品质要求很高，比如 50 米布超过 2 个疵点，即作废，因此客户经常对比多家供应商的产品后决定购入哪家的产品。公司被迫只能对布料、原料使用、后加工方法等方面进行调整。行业整体处于恶性竞争状态，导致成本越来越高，这也是同行业所面临的存续难题之一。

董事长认为公司发展至今，可说是费尽心血。面对客户的各种不合理要求，长久以来无法将自身作为制造者的想法，努力传递给购买了产品的顾客。面对这样的情况，需要思考如何才能将原料的原始特性发挥到极致；如何最大限度调动人员的主观能动性；如何将设备的运转率发挥到极限。心怀"必须改变现状"之志，为了今后的持续成长和发展，必须面向未来解决下列问题：

1. 如何借鉴阿米巴经营的精髓降低成本，提高效率，『目前的干部将"何时由谁来做何事"的思考付诸实践的能力相对较弱。把干部自身的思考和想法进行整理，学会把"正确的事情"转化为"正确传达的力量"和"执行的力量"，实现 SHINKA①。各位干部与各位员工的 SHIN-

---

① SHINKA 是日语，含义包括新化（挑战新事物）、深化（深化技术和知识）、进化（不断改革前进）。

KA 紧密相连，也与 SHINKA 紧密相连。』①

2. 目前的销售业务几乎全部来自日本，中国市场的销售量很小，『为了今后数马集团的发展，必须积极开拓国内市场。为了能在今后生存发展，必须独立开拓市场获得业务来实现 SHINKA。』

3. 虽然很努力，但是无法得到客户的正确评价，『董事长希望制造部门能够更加"讲究品质"，避免过度追求品质，配合顾客的要求，用合理的价格制造出能够保证品质和利润的产品。希望负责制造的各位员工能够做到"对品质的讲究"，务必实现"把生产的喜悦分享给大家"的 SHINKA。』

『董事长说："窗帘行业历史悠久，是在可预见的未来，机器设备不会发生革命性变化的成熟产业。正因为是这样的行业，今后'人'的力量才会逐渐彰显重要性。换言之，每位员工的 SHINKA 力将会左右未来的成长力、竞争力。以和每位员工更上一层楼的 SHINKA 为目标，我决意导入阿米巴经营。"同时董事长"希望员工都能成为真正的胜利者、幸福者。为此，需要把公司打造成能安定持续地提高利润的真正优秀的企业。请大家务必实现员工、顾客、地区社会交流的 SHINKA，为实现数马集团 2018 年 100 亿日元的销售目标而一同 SHINKA！"』

董事长希望通过培养人才来实现 100 亿日元的销售目标，他认为"『阿米巴经营是以各部门的领导为核心通过团队合作来达成目标的一种经营方式。只有各个部门做到团结一致，达成各自部门目标，才能最终达成整体目标。并且，在公平、公正的规则下，要明确各个部门的收入、费用、时间，搞清部门的经营状况。希望各位部门领导能像经营者一样，通过带领团队达成目标来追求团队成员的幸福；团队成员也要为了团队（伙伴）而努力，在实现自身成长的同时，为团队、为社会作出贡献』"。

---

① 该案例介绍中，用"『』"所表示的内容摘自或参照京瓷阿美巴管理顾问（上海）有限制作的《中间报告书》与《运用操作手册》。

第二节 经营中存在的问题分析

一、组织架构混乱，职能和责任不清

1. 组织架构中存在组织名和职位名混淆的情况。

富阳数马的组织结构主要按照销售、制造、研发、管理（财务部、总务部）等不同功能进行编制，但是实际运营和组织图存在不一致，组织的职能、责任不明确。如图4-1所示，最上方工厂长负责制造部门，但这很显然不是一个部门，而是职位的名字。接下来的商品管理部，融合了仓库管理、原料采购以及对日本销售的功能。接着是销售部，负责对中国的销售，然后是财务部门、品质管理部门等等。总体来说，组织架构中存在职务名和部门名混淆的情况，需要明确究竟是组织图，还是职务表。

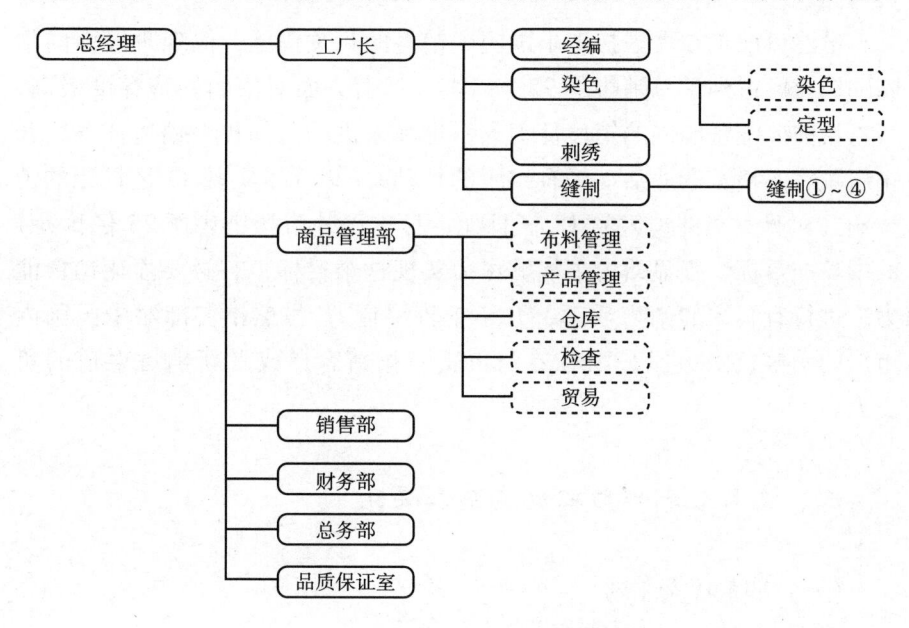

图4-1 组织架构（京瓷顾问制作）

（二）组织图与会议资料不一致

组织图的另一个问题是组织图中不存在的某个组织，在会议资料中却存在，比如定型部月报。工厂的组织架构中不存在名为定型部的部门，它应是属于染色部门下的定型班组，但是管理资料中却单独有一份定型部的会议资料，其中数据从何而来，很难从组织架构上看出。这体现出内部的数字管理比较混乱。

二、销售部的职能有待强化

『目前不存在一个负责接单、扩大销售的部门。对日本总部方面的接单、销售由商品管理部负责。商品管理部与其说是负责对日本总部的接单、销售额最大化的职能，不如说是根据日本总部下达的订单、出货指示，以品质和验收交货期为工作重点的，类似日本总部生产管理的负责部门。』

虽然目前正在考虑扩大中国国内销售的相关措施，但现阶段面向集团的销售额占到了总销售的 95% 以上，经营方面对集团的依存度极高，所以目前未配备明确的销售负责人，也尚未进行诸如扩大销售任务、开拓新顾客、拓宽营业活动等有组织的行动，『设立了实现 43 亿日元的销售额（对日本总部销售额 18 亿日元，日本以外市场销售额 25 亿日元）的中长期目标，很显然为了能够尽力实现这个目标，有必要强化销售能力，进行有组织的销售活动，开拓销售渠道。』虽然销售部对中国国内市场的销售负责，但是没有专门负责开拓新客户或者新销售渠道的负责人。

三、商品管理部的职能庞杂且混乱

（一）职能庞杂不清

商品管理部具有如下职能：

『1. 作为日本集团的接单窗口以及执行出货、销售的职能。

2. 生产计划以及外包管理等方面的生产管理。

3. 原材料、半成品和产成品的库存管理。

4. 品质管理。

5. 制作装箱单等与贸易有关的贸易实务职能。

6. 原材料、外包的下单、采购职能。

由上述职能可以看出，商品管理部几乎负责生产制造职能以外的从接单开始到销售为止的所有职能。阿米巴经营的机制是使组织部门分别进行独立自主的经营，使各部门的附加价值与业绩贡献可视化，让各部门在相互合作帮助的过程中协商，促进整体业绩提升的机制。而商品管理部的职能太过庞杂，比如到底是对提高销售额负有责任？还是对减少外包和原材料成本负有责任？又或者是对提高产品质量负有责任？导致对"如何完成责任"处于不明确的状态。』

同时，对京瓷非常重视双重确认的功能，即采购的票据必须通过多个部门确认，满足内部控制的要求。如果这些要求都由商品管理部独自完成，难以避免营私舞弊的可能性。

（二）库存状况无法掌握

『仓库主要负责原材料的进货、面料及成品的出入库管理，承担确认实物和实物管理工作。因为商品管理部集中了接单联络职能、生产管理职能、采购职能，所以实务中既无法对"库存过多"的库存情况进行正确、客观的分析，也无法从组织的层面对库存是否处于合适的状态和合适的量进行牵制。』

（三）品质管理的职能不明确

『检查部主要负责在工序间进行品质检查，由检查总长和厂长来保证产品品质的重要部门。从保证、提高产品品质的角度来看，实际上承担着生产产品的制造部门的职能。质量管理职能应作为生产环节的一环，但目前却从制造部中分离，划归于商品管理部。』

（四）职能的定位

『职能主要指制作装箱单，按照装箱单内容核对实物，制作向运输、船运提交的资料，以及其他贸易实务。贸易制作的资料将决定出口日本的产品销售额，因此和整体销售额息息相关，是极为重要的业务环节。因其与法律税务等方面关系密切，因此从业务内容上属于集团层面的管理。』

（五）采购方面的问题

不同采购内容，对应着不同的需求部门和下单部门，各部门各自采购带来了如下问题：

『1. 由于没有从整体对下单信息（余额）进行统一管理，所以导致很难正确把握未来的资金支出情况。在原材料和外包的下单方面，目前是由商品管理部中的制品管理负责人通过下单余额（数量、交货期）来进行，而其他的辅助材料和消耗品是由总务部下单，且基本为口头下单，这样导致在收货（验收）时才能掌握购入物资的金额，无法为资金周转做准备。

2. 采购部无法积累采购经验，难以促进降低采购成本。多个部门的负责人各自下单，难以实现集中采购所获得的价格优势。

3. 无法从组织层面上对采购行为是否合理进行制约（双重确认）。目前的采购流程中几乎没有检查制约的相关确认。从防止不正当行为发生的角度来看，采购流程中组织层面的双重确认是必要的。』

（六）生产计划和定型等制造环节的问题

『1. 关于生产计划的制定。目前基本根据日本数马的订货单（坯布订货单、产品订货单）进行生产，由各计划制定人对现场作出指示，但相关指示又并非完全符合生产计划书的书面文字。根据对订货单"能否按期交付足量产品"进行管理，但下阶段生产目标只有各计划制定者本人掌握。另外，生产计划制定者依据每周六的现场盘点信息确认进度情况，却并未根据每天生产现场记录的经营实绩调整下阶段计划以达成目标。

而且，会根据每周六的现场盘点信息制作而成的染色面料进度表、刺绣进度表、缝制进度表与日本数马进行信息分享，根据这些信息日本数马会发出指示，经编工序生产的坯布订货单，因此实质上是由日本数马决定下阶段的生产目标。

今后的销售预测情况需要考虑半成品数量、设备生产能力、成品率、采购所需时间以及销售交货时间等情况，以及下阶段生产目标，但根据现状来看，日本数马实质上决定了生产计划，不过是服从日本数马的订货单来进行生产管理。所以需要分别明确日本数马的生产管理职能和富阳数马的生产管理职能，通过明确彼此的职能，才能拓展思维，思考如何减少库存以及提高生产效率。

2. 关于定型。定型主要是指染色和刺绣后对面料进行整形的工序，定型在组织上被归于染色，但在组织图上没有被标注出来。在现场图上有所体现，但该图的主要作用是明确工序所属，因此对上级组织没有进行标注。

此外，一般染色工序与定型工序是紧密相连的，因此定型有时会被归于染色工序。但刺绣后也需要定型，因此如果归于染色组织的话，会导致染色的核算与刺绣的定型加工费混在一起，无法分离出纯粹的染色的核算。』

四、经营数据的可靠性

（一）物品和票据核对检查不细致

与大部分制造业一样，对于出库入库要求非常严格，如规定中明确出入库需要严格填写《出库单》和《入库单》。即使存在多个仓库，且库内物品处于谁都能搬运的状态，忘记填写出入库单据也没有人发现。

甚至即使入库了不需要的物品，财务部也可能依照发票进行支付。采购也有类似弊端，在采购流程中，由商品管理部下单采购原材料，但是采购的原材料不需要经过商品管理部的确认验收就可以直接入库，并且财务部门会根据相应发票去支付，这就意味着入库的材料可能是不需要的东西，也没有经过任何双重确认，财务部就会把这个钱付出去，显然不符合"双重确认"的原则，而且也存在营私舞弊的可能，这是管理流程上的缺陷。

（二）经营业绩

1. 组织图和核算管理单位不一致。『对各部门的经营业绩进行统计，并在这些资料的基础上召开经营会议。经营业绩的项目包括销售额、费用、结算收益、总时间、单位时间核算。除了年度计划，各部门还制作月度计划。

但组织图和经营业绩存在不一致现象。比如定型部门虽然在组织图上并不存在，在表上却有数字，而财务部与总务部被视作同一部门，合并起来统计数字。像这样组织图与统计管理单位间存在不一致，导致各部门费用不够明确，也很难正确地计算业绩贡献度。』

2. 销售额的核算。『经营业绩上销售额的计算方法是销售额＝加工费（成本）×数量，虽被标为销售额，与其说是各部门的收入，不如说是像公式中写明的一样其实是该部门的加工成本。因为加工费是成本管理表上设定的加工费（单价），因此为了增长各部门的销售额需要确保数量。其次，费用中也包含了各部门使用的辅助材料、折旧费和水电费，实际可以操控的余地比较小。为了提高生产效率和提高产量，成本管理表上设定的与成本的差额就成了各部门的利润。这样做存在如下弊端：

（1）因为加工费×数量即为各部门的销售额，容易造成不考虑接单情况而过多生产的倾向，导致库存增长难以抑制。

（2）即使加工费的市场价格有所下降，只要成本管理表上的设定单价没有被更新，加工费（设定单价）仍然维持不变。

（3）即使商品的市场价格下跌了，制造部门也不能及时了解实际情况，更多关注于提高品质和缩短交货期，很难唤起大家努力提高加工费的意识。』

3. 虽为独立法人，但经营的自由度受到了相当大的限制。按照母公司的生产指标自行采购原料，按照交货期生产。但到了交货期是否可以交货，则要等待母公司的出货指示。由于面向母公司的销售额占销售额的95%，是否能在当月计入销售额，完全取决于母公司是否作出出货指示。因此，虽是一个独立的子公司，但经营受到非常大的限制。

（三）库存管理方面的问题

『1. 关于库存责任。现状是母公司下订单（坯布、面料、缝制品），根据订单进行生产，再根据母公司的出货指示进行出货。如果没有来自母公司的出货指示，就无法形成销售额。即使按照母公司的订货单进行生产，如果没有出货指示或者出货指示发生延迟，就会发生先前投入的成本变为滞留库存的情况。

基于这个原因，处在一个对原材料、半成品、库存成品可下功夫非常有限的状态。针对库存（原材料、半成品、库存成品）置于何处、如何管理的问题，需要从管理成本和物流成本的角度出发来决定政策方针，明确"哪个部门有责任减少这些库存"。

2. 关于库存管理。在原有的管理体系中，商品管理部下属的仓库对原材料、面料、缝制品进行出库管理。然而如前所述，原材料和面料被放在不同的地点，处于可能被人任意搬动的状态，即使发生忘记填写出库单和入库单的情况，也可能无人知晓。每个月月末在制造现场的协助下进行库存盘点，从而核对理论值和实物的数量。但出入库单是否填写正确，实物能否被正确管理等问题存在疑问，理论值是否可信不得而知。

3. 适当库存量的控制。一方面，每周将染色面料进度表、刺绣面料进度表、缝制进度表、库存盘点表与母公司进行共享。然而,并没有相应机制能有效控制数马集团的整体库存。另一方面,母公司的销售部门和生产管理部门间也没有每月对销售计划相互确认的环节,因此对于"目前库存需要多久才能完成多少出货""目前的库存是多是少""库存量是否合适"等问题很难进行判断。

为了缩短生产周期,需要努力减少库存,但实质上库存却受母公司订单左右。无论是子公司的库存,还是母公司的库存,归根结底都是整个数马集团的库存。应根据季节和产品的生产环节不同来设定不同的安全库存,至少要从现在的库存量是否适当的角度出发,构建能控制整个集团库存量的相关机制。』

(四) 生产业绩

『各工序的经营业绩(销售额)的业绩统计依据如表 4-1 所示。

表 4-1　　　　　　　　工序的业绩统计依据

	工序	业绩统计依据
1	经编	检品表中的长度数据
2	定型	定型量(总长)
3	染色	投入量(总长)
4	刺绣	刺绣日报表(加工总长)
5	缝制	缝制数量(张数)

经编工序是由检查课根据检品表中统计的长度来确定经编工序的生产实绩(米)。然而定型、染色、刺绣、缝制的生产实绩全部是由生产现场记录的数据为依据,并没有建立双重确认机制。因此,无法发现记录的失误和舞弊问题,到底能否正确统计生产实际数字也存在疑问。这同样会影响中间产品和成本计算,因此需要有对应的组织性的牵制来确保数字的可信性。比如,以检查课的检品数量或仓库入库时的入库单(长度)为依据来统计各工序的生产实绩,以确保数字的正确性。』

（五）费用数据

『如前文所述，目前组织图与核算管理单位间存在不一致，因此部分部门的费用不明确，并不是所有的组织单位都分别进行了费用管理。』

（六）时间数据

『通过考勤表对各部门人员每天的出勤进行管理，该考勤表只记录人员的出勤情况，并没有对出勤时间进行统计。虽然可以对各部门人员的出勤时间进行统计，但因为工资方面采取按件计酬，因此目前管理上更重视实际出勤与否而非出勤时间。

从员工的劳动卫生环境、法律的角度出发，如果能够正确管理员工的工作时间，可以降低法律、诉讼方面的风险。』

五、会议交流与沟通

『（一）与母公司的定期沟通

目前，没有和母公司开展定期性沟通的机制，基本是在母公司董事长来华或是总经理、商品管理部的领导访日之际进行讨论磋商，因此，高管的来往频率决定了讨论磋商的次数。如前所述，控制数马集团整体的库存单靠一己之力难以解决。母公司的销售动向和信息精准度不仅会影响数马集团整体的库存量，还会很大程度上影响外协企业的经营状况。

所以除关于进度表以及月度盘点表等数据的讨论磋商以外，还应与母公司的销售部门和生产管理部门就母公司的客户状况、出货计划与外协企业的情况定期（周、月）进行交流。

（二）关于经营数字的反馈

目前，体现经营业绩的财务会计的主要项目（销售额、费用、营业利润、税前利润等）只向部分高层领导公开，并未对一般干部公开。同时，没有针对财务会计中的主要项目设置目标，也未明确"为了保证利润应该使用多少原材料""应该节约多少成本"的相关基准。在没有目标外的与经营数字直接相连的实绩信息依据的情况下，自然因此无法唤起经营数字为基础的交流。』

第三节　阿米巴组织的建立与核算

一、组织架构的调整及阿米巴组织的建立

通过阿米巴经营落地咨询项目，对组织架构和业务流程重新进行了梳理，并建立了相应的阿米巴组织（见图4-2）。

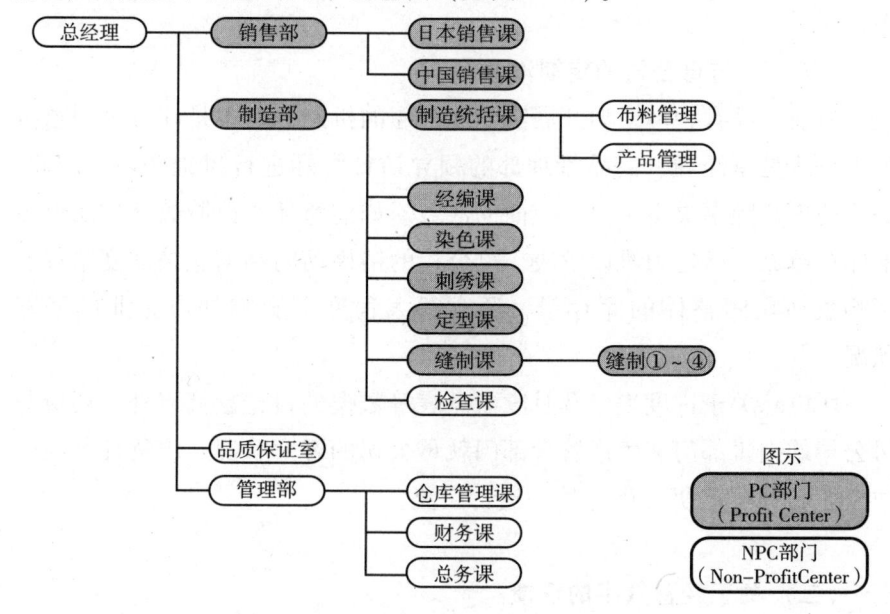

图4-2　阿米巴组织架构（京瓷顾问制作）

（一）销售部（PC①）

为了脱离对母公司的依赖，转变销售体制，同时为开拓销售渠道开展具体的行动，设立日本销售课，负责原商品管理部负责的销售、贸易业务，并将原销售部更名为中国销售课。销售部对所有的销售额负责。『销售部由日本销售课和中国销售课组成，设定为 PC 部门。这样把销售功能集中于销售部，可以实现针对整体的接单、销售额及销售费用的一体化管理，通过确保并扩大销售额，及时回款，努力实现提升利润的目标。

1. 日本销售课。日本销售课与母公司定期共享市场信息与生产信息，通过对母公司的销售活动，努力实现提升的利润目标。

2. 中国销售课。中国销售课沿袭过去销售部的职能，负责针对中国市场的销售活动，努力实现国内市场的销售目标。』

（二）制造部（PC）

1. 制造统括课（PC）。设立制造统括课，负责原商品管理部的生产管理、外协管理，对制造部整体的生产、外协、库存控制负责。『制造统括课负责制造部整体的生产管理、生产计划的制定和生产计划的变更，并负责工数计算以及更新加工费（成本）设定，通过控制制造部整体的核算，努力实现提升制造部整体利润的目标。』

2. 经编课（PC）。通过开展经编业务提高部门自身利润，为提高制造部整体利润作出贡献。

『3. 染色课（PC）。保持原组织重点功能不变，通过染色业务提高部门自身利润，为提高制造部整体利润作出贡献。

4. 刺绣课（PC）。保持原组织重点功能不变，通过刺绣业务提高部门自身利润，为提高制造部整体利润作出贡献。

---

① PC 即 profit center，指利润中心；NPC 即 non-profit center，指非利润中心。

5. 定型课（PC）。把定型课从染色课独立出来，通过定型业务提高部门自身利润，为提高制造部整体利润作出贡献。

6. 缝制课（PC）。缝制课由缝制①（PC）、缝制②（PC）、缝制③（PC）、小窗帘（PC）组成，缝制课（PC）中各下级组织相互学习，通过提高各部门自身利润，为提高制造部整体利润作出贡献。

7. 检查课（NPC）。原本作为商品管理部下级组织的检查部移至制造部，负责包括缝制后的检查在内的所有检查职能，通过质检功能的集约化，实现质检成本的整体化管理和控制。

检查课通过对所有工序、所有产品进行品质管理，提高制造部生产产品的品质，从而为提高制造部整体利润作出贡献。』

（三）品质保证室（NPC）

『保持原组织中的功能不变，负责以面料、产品品质的维持和提升为目标。进行恰当的品质管理，制定品质保证的相关守则，为全的产品品质提高做贡献。在发生品质问题时，作为联系窗口与客户进行协调。』

（四）管理部（NPC）

『管理部包括采购部、仓库管理课、财务课、总务课，管理部设定为NPC。

1. 采购部（NPC）。将过去各部门（职责现场部门、商品管理部布料管理、产品管理、检查职能以及总务部）的采购职能归于采购部，移至管理部下。从而实现在组织层面上对采购进行双重确认，以促进寻找质优价廉的供应商和外协厂商，为降低成本作出贡献。通过努力实现采购的一体化管理，把握后续需要支付的金额，为整体的资金运作出贡献。

2. 仓库管理课（NPC）。保持原组织中的功能不变，负责材料仓库、产品仓库、布料仓库等各个仓库的出入库管理，通过对账簿和实物进行一一对应的管理，努力实现为健全的经营作出贡献。

3. 财务课（NPC）。除原本财务部的职能以外，财务课增加了经营管理职能，包括：

（1）阿米巴经营中内部规则的维持管理。

（2）以单位时间核算表为基础，进行全的实绩、余额管理。

（3）经营会议的运营事务。

4. 总务课（NPC）。保持原组织中的功能不变，设定为 NPC 部门。』

二、阿米巴核算

收入的计算方法。『根据客户要求生产产品、交货，因此采用销售和制造之间收入的计算方法，"订单生产方式"比较适用，建立了以制造统括课为中心的收入分配模型，如图 4-3 所示。

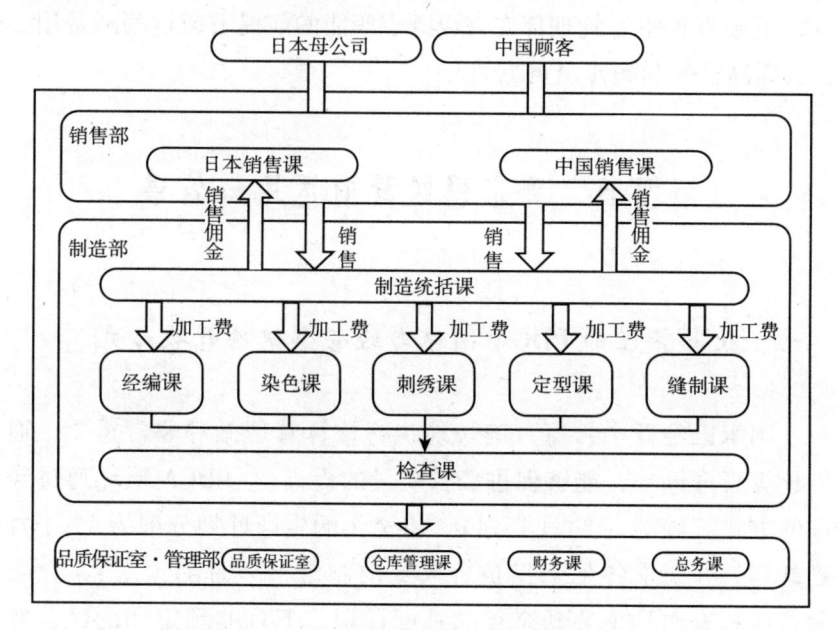

图 4-3 收入分配模型（京瓷顾问制作）

1. 销售部的日本销售课和中国销售课在计入销售额的同时，从制造统括部获取销售佣金（佣金＝销售额×比率）作为收入，以该收入负担本部门费用，并努力实现利润最大化。

2. 制造统括部以与销售额等额的金额作为收入（收入＝入库实绩）。以该收入负担各制造课（经编课、染色课、刺绣课、定型课、缝制课）的内部购买、销售佣金、部门费用，包括原材料、外协费用、水电费、差旅费等内容，努力实现利润最大化，并对制造部整体进行利润管理。

3. 制造部的各部门根据市场价格事先设定好加工费标准，通过内部买卖的方式卖给制造统括部，同时计入自己部门的销售额。收入＝加工费单价×产量。

4. 检查课进行品质管理、品质检查，通过削减费用、时间，为提高整体利润作出贡献。

5. 品质保证室、管理部在完成既定职能的前提下通过削减费用、时间，为提高整体利润作出贡献。』

第四节　阿米巴经营的运用与效果

一、核算管理的 PDCA 循环与经营会议的开展方式

『阿米巴经营中，每月确切地执行核算管理循环非常重要，通过开展核算管理循环，能够促进经营质量的提高。』PDCA 循环通过经营会议的方式开展的（见图 4-4），将全年的生产计划分解为 12 个月的月度计划，并要求各阿米巴负责人提前制定下个月的预定[①]，在会议上通过核算表向员工公开全年的月度计划、下月的预定和的经营数据

---

① "预定"是由京瓷定义的术语，指的是包含着阿米巴负责人的一定要达成的强烈意志的月度数值计划。这不单纯是计划，而可以说成是"承诺"（commitment）。

（包括部门收入、费用、结算收益、单位时间核算等），并对以上所有数据与设立的目标进行比较分析。通常月度经营会议由一级部门负责人参加。

图中内容：
- 全公司经营会议
- 上级部门会议
- 下级部门会议
- PDCA循环（人才培养、意识改革）
- 经营者的政策 正确的判断
- 前月预定 当月实绩

培养拥有经营者意识人才，实现全员参加的经营

图4-4 会议交流（京瓷顾问制作）

导入阿米巴经营之前也制定月度计划，也进行月度分析，但当时负责人看到数据差异经常是一脸茫然，不知如何分析，也没有分析原因的意识，负责人没有主动查找原因的动力，对目标是否达成毫不在乎。在运用阿米巴经营之后，部门负责人通过月度例会养成了报告经营数据的习惯，能够运用图表确认实绩的变化趋势，并对费用的使用、工作的效率等进行追溯性地反省。月度会议的氛围也越来越好。最初，会议上很少有人提问，各部门负责人都担心影响人际关系，因此"会场一片祥和"。随着京瓷咨询老师的辅导，参会人员感受到要提高会议效率的必要性，从而开始充分挖掘经营中的问题。会议逐渐变得活跃起来，提问也变得越来越尖锐。访谈针对"这样会不会影响人际关系"的问题，财务部孙部长说："我们对事不对人，大家从工作角度出发，这也是可以理解的，一切都是为了工作。"现在各阿米巴组织一旦完不成预定就会开始自己查找原因，无论是生产、销售部门，还是仓库、总务、财务部门，都通过分析核算表发表意见，并确定相应的行动计划（即阿米巴任

务单，如图4-5所示）。胡副总经理说："对于生产企业来讲，现场信息有神灵。"

	10月预定 Action Plan	10月实绩 Check	11月预定 Action Plan
收入最大	【收入最大】 根据制造部指示沟通： 1.换花型时间严格控制4小时之内（具体较难花型另算）。 2.疵品率控制在2%以内。 10月主要工作 ①5号机电子横移系统升级，韩国面料试样。 ②在库纱线不动库存削减。 ③重点对于9号机、11号机、14号机的疵品查找维修下降到2%以内。	【收入最大】 1.本月机器的达成率95%，上月，83.5%，上升11.5%。本月各机台运转率请看附属机台表格。 2.疵品金额22948元，疵品米数是2948m，疵品率1.7%，下降0.8% 10月份主要问题点 ①6号机摆轴轴承卡死停机72小时，产值每小时63元*72小时=4536元。 ②CR4092上个月疵品率平均3.7%。	【收入最大】 根据制造部指示沟通： 1.换花型时间严格控制4小时之内（具体较难花型另算）。 2.疵品率控制在2%以内。 11月主要工作 ①5号机试样 ②17号机至20号机试样两针花型。 ③22号机、26号机换花型CR4089。 ④1号机、2号机调试做CR4077
费用最小	【费用最小】 机料费：24000元用于5号机系统升级。	【费用最小】 机料费：24757元用于5号机系统升级，购买经编机配件。	【费用最小】 机料费：1500元用于购买舌针、编机轮。 修理费：500元是行车维修保养费。
时间最短	【时间最短】 正常上班时间2772小时。	【时间最短】 本月上班时间：2737小时。	【时间最短】 正常上班时间3432小时。

○○部门负责人：郭○○

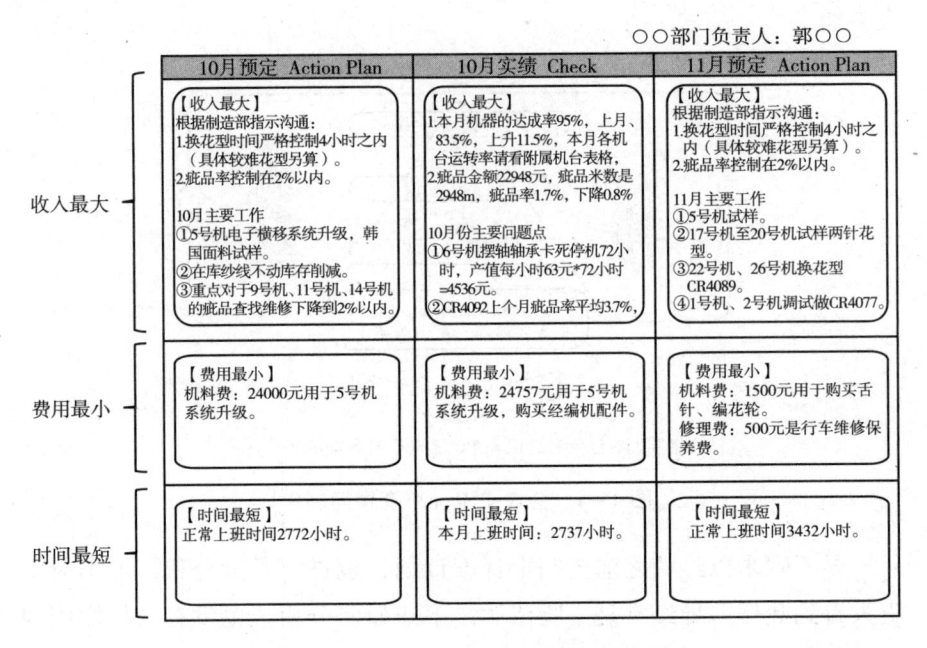

图4-5 阿米巴任务单（京瓷顾问制作）

除了召开部门负责人出席的月度会议之外，还召开全员出席的周例会以及班组早会。基层员工原来的心态是"做一天和尚撞一天钟"，经营是好是坏与自己无关。阿米巴经营落地后，大家通过各种会议，可以看到经营的信息，在对产量、质量等现场指标和单位时间附加价值进行对比分析的过程中，开始关心经营状况，从而充分调动起员工的积极性，真正实现了稻盛和夫先生追求的"玻璃般透明的经营"，由于经营的透明化，基层员工与管理者之间建立起了信赖关系。运用阿米巴经营以来的三年，员工的离职率非常低。

另外，与母公司联合制定了集团库存管理规则，明确库存责任。通过导入电视视频会议系统，增加了同母公司之间的交流，定期就日本销售信息及中国的生产、库存信息进行意见交换，并开始探讨集团库存

（包括中国的库存）的削减措施等。

二、通过制定预定培养切实完成目标的意识

（一）制定预定目的

通常在月初制定当月的预定。制定预定目的是使部门负责人拥有明确的目标，并学会自主经营部门，和成员共同分享实现目标的喜悦。同时，也为了进一步明确今后的经营宗旨，实现具有前瞻性的管理。

（二）制定预定时的注意事项

1. 负责人应该有明确的目标。阿米巴负责人应该时常描绘部门的未来愿景，通过单位时间核算表、销售目标等把部门愿景具体化。在目标数字中融入部门的愿景，可以促使部门成员自发地产生达成各项数值目标的意识和动力。

2. 阿米巴负责人要和管理层保持方向一致。阿米巴负责人必须正确理解管理层的基本思想和各项方针政策。明确本部门所承担的责任以及本部门对整体会产生的影响，在此认识的基础上设置目标是至关重要的。

3. 和其他成员拥有共同的目标。阿米巴成员拥有共同的目标有助于集中大家的智慧来提高单位时间核算。拥有共同的目标是促进全体员工参与经营的基础。

4. 明确达成目标的具体行动。必须制定完成目标的具体行动方案。同时要拥有一旦解决了现存课题，预定就能达成的依据。

5. 告诉阿米巴成员达成预定的方法，并给予其明确的目标。细化要达成预定而设定的各项课题的改善措施，并明确到部门甚至个人头上。如果每位阿米巴成员都能够切实完成个人目标，汇聚起来就能创造出非常辉煌的业绩。

三、阿米巴运用后的效果

(一) 财务业绩的提升

由图 4-6 可以看出，2016 年度较上年度仅提高了 0.04%，利润率仅提高了 0.02%。虽然销售额、利润的提升不多，这是因为由于汇率变动以及发展需要，2016 年开始，日中之间交易单价被削减了 5%，即按上年度经营状况，2016 年度利润率本应从中降低超过 5%。而在此背景下，销售额、利润率不降反升，可以看出盈利的能力有了切实提高。2017 年初有了更大幅度的增长。

利润率推移图

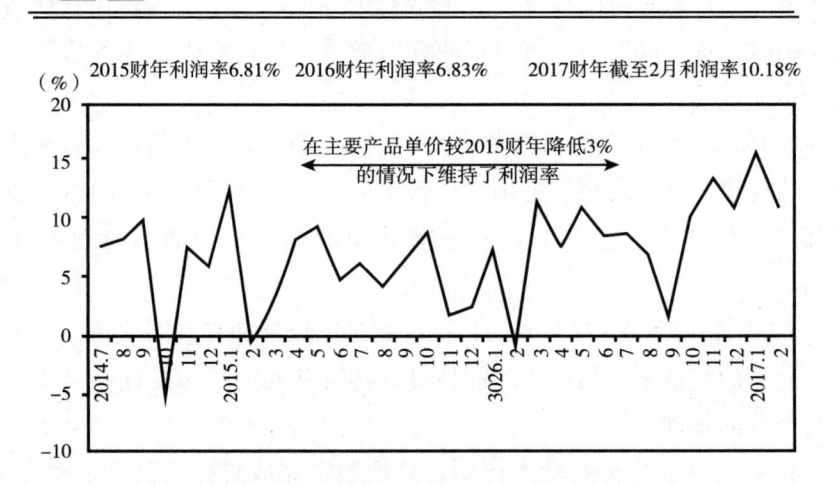

2015财年利润率6.81%　2016财年利润率6.83%　2017财年截至2月利润率10.18%

在主要产品单价较2015财年降低3%的情况下维持了利润率

图 4-6　利润率推移图（京瓷制作）

(二) 库存周转率大幅提升

如前所述，库存管理问题一度非常严重。而削减库存总量，能提高库存周转率，能够有效提高资金运转的速度，与促进企业健康发展息息相关。通过阿米巴经营的落地，阿米巴负责人开始在经营中考虑"这真的是需要采购的原材料吗？""这真的是需要制造的产品吗？""生产了以后,这些产品什么时候能销售出去?"等问题,大大提高了库存控制意识,有效提高了库存控制效果。由图4-7可以看出,库存总量大幅降低。此外,还每年设定了年度的库存削减目标,以期库存周转率进一步提升。

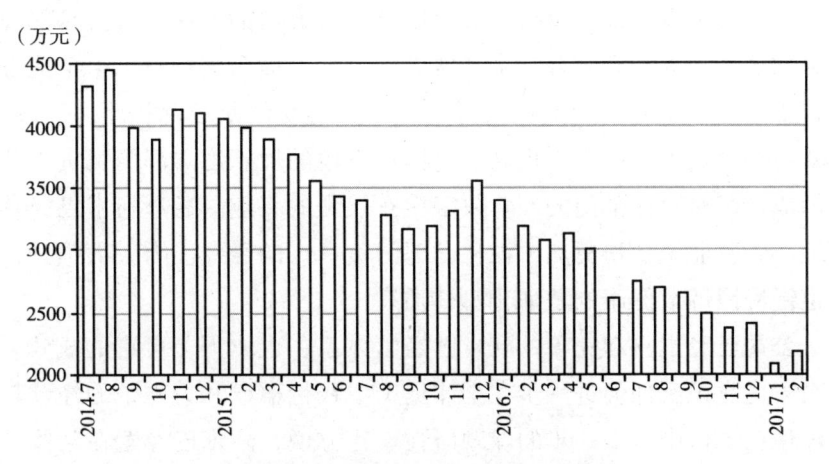

图4-7 库存总量推移图(京瓷顾问制作)

(三)经营业绩可视化

阿米巴经营落地之前,主要以财务报表为依据进行管理,但是财务报表的信息比较笼统,更多地侧重于反映整个财务状况和经营成果,看不到具体生产、销售等具体经营方面的信息,对工作的指导作用有限。甚至一些部门负责人根本看不懂财务报表。阿米巴经营落地后,通过部门独立核算,使得不同层级的部门负责人都能看到各层级的经营成果,能更清晰地把握目标的达成状况。例如某生产阿米巴本月产值目标是20万元,半个月过去后,目前的产值是多少?下半个月还有多大的差距?怎么努力才能实现月度目标等问题,该阿米巴的负责人对此一清二楚。又如财务等NPC部门虽然没有设定收入目标,但也开始贯彻阿米巴的精神,开始产生强烈的时间和成本意识,注重提高工作效率,尽可能节省加班时间等。

管理体系的改变，带动了部门负责人经营意识的改变，部门负责人开始关注自己部门的收入、费用和时间；关注自己部门的利润提高和目标达成，同时开始关注其他部门、上级部门的核算数字。意识的改变带来了管理者行为的变化，部门负责人和经营者站在同一视角看待经营数字，开始思考管理部门及统一部门成员努力方向的方法，将自己部门的核算数字和业务活动结合起来开展工作，为了提高核算身先士卒地思考改善措施并带动部门成员付诸行动。行为的变化使经营状况得以改善，经营者和全员上下齐心，提高了整体对市场的敏感度。部门负责人乃至部门成员都对自己部门的经营数字抱有强烈的兴趣。通过阿米巴经营的落地，经营业绩变得更加可视化，部门负责人的经营能力大大提升，企业也慢慢锻炼成健康的"肌肉型体质"。

公司已经建立起完善的阿米巴经营体系，也取得了可喜的成效。但是高管也意识到如何进一步在全体员工中践行稻盛和夫先生的经营哲学并体现在工作中是下一步的课题所在。比方说，阿米巴经营在某些基层部门中尚未彻底渗透，需要在今后工作中逐步加以改进，尽早使全公司自上而下实现彻底的阿米巴经营落地。

第五章 国瑞升的阿米巴经营实践*

第一节 引 言

北京国瑞升科技股份有限公司（以下简称"公司"）是现任总经理葛丙恒（以下简称"葛总"）与三名大学同学共同创办的，专业从事超精密抛光材料的研究开发、生产经营的中日合资企业。公司成立于2001年6月，当时注册资金为50万元人民币。公司总部位于北京中关村科技园区，属国家级高新技术企业。在过去十几年中，通过开发研制高科技产品，填补了国内空白，开拓了国内外市场，同时公司规模也在不断扩大，经济效益持续提高。2015年，公司注册资金达到5000万元人民币，与2001年相比增加了100倍。

在较短的时间内，公司能够取得如此骄人的经营业绩，主要取决于两个重要因素：一个重要因素是公司自成立以来一直注重硬实力的提升，即产品竞争力的提升。也就是说，通过提高产品研发能力，引进先进设备，不断地开发和生产出适合国内外市场的高科技产品。另一个重要因素就是公司注重软实力的提升，即企业经营管理水平的提升。特别是近年来，公司通过导入阿米巴经营模式，确立以国瑞升价值观为核心

---

* 在本案例的调查访谈和资料收集过程中，得到了北京国瑞升科技股份有限公司总经理葛丙恒、运营中心经理王阔、综合管理部经理谷倩的大力支持和协助，在此致以诚挚的谢意！

的经营哲学，划小核算单位，实行部门独立核算制度，在内部管理水平的提升和经济效益的提高两个方面，都取得了卓越的成效。本案例详细地介绍该公司导入阿米巴的背景和过程，总结其推进阿米巴经营模式的成功经验。

第二节　公司的创立和发展历程

一、公司的创立

公司是由研究者凭借自己的技术创立的一个典型的高技术型风险企业。公司的创业者葛总20多年前在北京理工大学读完博士后，先到日本东京的一所大学做访问学者，从事与电脑硬盘相关的研磨材料研究，然后在日本一家上市公司就职，继续研究和开发研磨材料。当初出国的目的是想积累经验，将来做实业。1998年，他回国调研市场，发现当时很多研磨材料全部依赖进口，价格昂贵。于是2001年正式回国创业，和另外三位志同道合的大学同学一起，在2001年6月28日成立了北京国瑞升科技有限公司。

2014年7月31日整体股改变更为北京国瑞升科技股份有限公司，2015年1月23日成功在新三板挂牌，公司简称"国瑞升"，证券代码831735。公司的经营范围包括开发、生产微米及纳米级研磨微粉、超精密抛光膜、精密抛光液；提供自产产品的技术服务；销售自产产品。目前正式投产的有五个生产工厂，其中两个位于北京房山区石楼镇，其他三个分别位于北京房山区燕山工业区，河南省南阳市南召县留山镇和辽宁省盘锦市双台子区精细化工产业园。

二、公司的经营状况

公司成立十几年来，企业生产和销售规模不断扩大，各项经营业绩指标都大幅度增长。表5-1是公司从2001年成立到2016年，员工人数、销售收入、利润、销售利润率、人均销售收入、人均利润等主要经营指标的统计数据。

表5-1　　　　　　　公司历年主要经营指标　　　　　　单位：元

年份	人数	销售收入	利润	销售利润率（％）	人均销售收入	人均利润
2001	5	75299	-226467	-301	15060	-45293
2002	5	832087	-86841	-10	166417	-17368
2003	9	3472750	1695601	49	385861	188400
2004	17	8270467	3937262	48	486498	231604
2005	27	9931862	3735654	38	367847	138358
2006	47	18271240	7295345	40	388750	155220
2007	67	17630821	7270784	41	263147	108519
2008	87	18305207	4981881	27	210405	57263
2009	109	23034220	7832924	34	211323	71862
2010	141	38521817	11409966	30	273204	80922
2011	175	48748925	10186857	21	278565	58211
2012	214	55698628	5625332	10	260274	26287
2013	222	67746385	10895613	16	305164	49079
2014	231	106292032	21343330	20	460139	92395
2015	282	97823002	16086253	16	346890	57043
2016	266	76848488	-4429628	-8	288904	-16652

资料来源：公司历年财务报告。

从表5-1可以看出，公司的员工人数从最初的5人增加到2015年的282人，销售收入从2001年的75299元增加到2015年的9782万元，利润从2001年亏损226467元到2015年盈利1600多万元。可是，与2015年相比，2016年的销售收入大幅度下降，利润也出现亏损。其原因有两个：一是2015年下半年至2016年，LED行业整体处于深度调整期，在此大环境下，作为LED衬底和芯片加工耗材的供应商，公司受到订单量缩减和客户要求降低价格的压力；二是新工艺和新产品的出现对传统工艺和原有产品产生了较大的冲击，由此导致产品销售额较上年同期减少。图5-1显示了公司从2001年成立到2016年销售收入和利润的变化趋势。

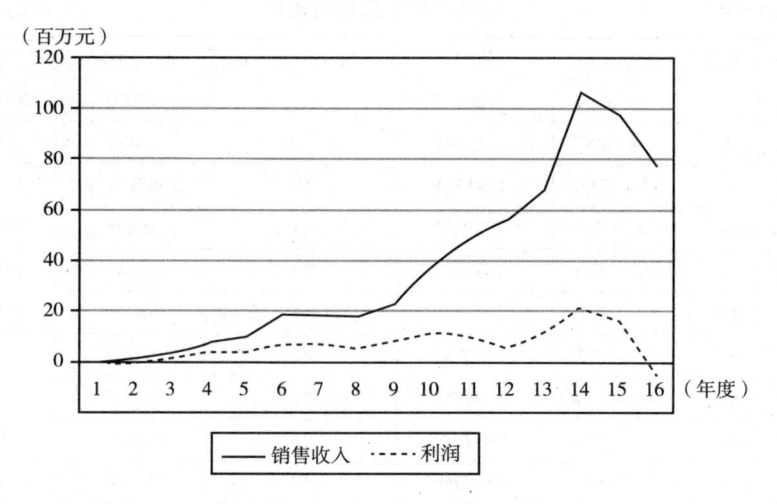

图5-1 公司历年经营业绩

资料来源：根据表5-1的数据绘制。

三、公司发展历程中的重大事件

公司自成立以来，逐步建立起一支主要由博士、硕士组成的精干科研和经营管理队伍，研制开发的超精密抛光膜（研磨纸）、研磨液（抛光液）、多晶金刚石微粉（聚晶金刚石）和纳米金刚石粉等产品，不仅填补了国内空白，而且产品性能达到或超过国际先进水平，性价比与国外同类产品相比具有明显优势。比如，2001年，一张用来研磨光纤连接器的进口研磨片价格为 300 多元，而公司的研制的产品价格约为 50 元。作为国内唯一的上述产品生产厂家，公司的产品在国内市场已替代国外产品，市场占有率迅速提高，并已出口到中国香港、中国台湾、韩国、日本和欧美等市场。

公司以支持和推动高科技的发展为己任，密切关注光纤通信、电脑、液晶、芯片等电子领域的发展趋势，及时地提供高科技元器件的精密研磨抛光所需要的产品。根据每一个用户对产品的不同质量要求和标准，不断创新和开发差异化、功能化的新产品，竭尽全力为用户在新产品开发、应用技术研究以及技术支持等方面提供优质服务。公司在生产过程中尤其注重产品的质量，建立了严格的品质控制体系，精益求精使产品始终保持稳定的高品质。公司坚持以人为本，顾客至上。明确了以顾客至上、质量第一、诚信务实、改进创新为内容的质量方针。确定了安全第一、防治结合、以人为本、健康和谐、遵守法规、持续改进为内容的职业健康安全方针。同时公司还确定了以遵守法律法规、强化环境意识、保持清洁生产、防治环境污染、节约能源资源、实现持续发展为内容的环境方针。

下面按照时间顺序，简单介绍公司成立十几年来发展历程中的重大事件：

- 2001 年，公司成立，SC 系列抛光膜试制成功；
- 2002 年，D 系列抛光膜研制成功；
- 2003 年，深圳办事处成立，公司迁至中关村创业大厦；
- 2004 年，上海办事处成立；
- 2005 年，CMP 项目导入，房山研发中心成立，抛光膜生产线试产，全资子公司保利世达成立，纳米金刚石项目启动；
- 2007 年，顺利通过 ISO9001、ISO14001 及 OHSAS18001 体系认证，成功举办 2007 超细金刚石研讨会；
- 2008 年，公司迁至中关村发展大厦，PCD 项目开发成功，开设日本事务所，10 级净化车间完工；

- 2009年，LCD面板用抛光布开发成功，低密度大颗粒金刚石研磨带开发成功，造粒研磨纸开发成功；
- 2010年，工厂扩建项目启动，聚晶金刚石生产线扩产，静电植砂生产线项目启动，电镀金刚石项目启动；
- 2011年，燕山生产厂开工建设；
- 2012年，燕山生产厂建成投产，聚晶金刚石生产线扩产；
- 2013年，参与起草行业标准《超硬磨料—多晶金刚石微粉》《超硬磨料—纳米金刚石微粉》
- 2014年10月，全资子公司北京吉瑞恒升科技有限公司荣获国家级"高新技术企业证书"；
- 2014年11月，成立全资子公司南阳国瑞升新材料有限公司；
- 2015年1月，成功在新三板挂牌；
- 2015年6月，完成对子公司保利世达增资，将保利注册资本增至1000万元人民币；
- 2015年8月，与白鸽签订共同投资设立合资公司的框架协议，合资公司主要研发设计销售薄膜基静电植砂产品；
- 2015年9月，完成增资，将注册资本增至5000万元人民币；
- 2015年12月，七项产品获得北京市科委颁发的"北京市新技术、新产品（服务）"证书；
- 2015年12月，收购日本公司Summit Super Abrasive Co., Ltd.的100%股权；
- 2016年1月，参股公司郑州鹏瑞新材料有限公司成立；
- 2016年1月，荣获海淀创业园优秀上市企业；
- 2016年3月，公司自主研发的薄膜基静电植砂研磨带荣获北京国际汽保展览会推荐产品；
- 2016年3月，公司之全资子公司北京保利世达科技有限公司经北京市知识产权局验收合格，喜获专利试点单位证书；
- 2016年11月，公司投资设立全资子公司盘锦国瑞升科技有限公司；

• 2016年11月，公司5位员工荣获北京市总工会颁发的2016年职工创新发明专利助推奖；

• 2016年12月，公司负责编制的机械工业行业标准《涂附磨具聚酯砂膜》完成报批稿，由全国磨料磨具标委会上报到工业和信息化部申请报批；

• 2016年12月，公司负责编制的机械工业行业标准《超研磨料制品金刚石研磨液》完成报批稿，由全国磨料磨具标委会上报到工业和信息化部申请报批；

• 2016年12月，公司之全资子公司保利世达参与编制机械工业行业标准《超硬磨料爆轰法多晶金刚石微粉》受到房山科委奖励，荣获2016年度房山区支持科技创新专项奖金；

• 2016年12月，公司之全资子公司保利世达"牙科用氧化锆抛光磨头套装"项目荣获2016年房山区级青年拔尖个人项目立项。

第三节　导入阿米巴经营模式的背景和契机

葛总等三名大学同学创立公司的最初动机是立志建立一家规范经营的企业，填补国内技术空白，力争以优良的产品和服务，支持国内光通信技术的发展，为社会进步和发展作出贡献。在初创阶段，公司只有十几人，在既没有充足的资金，又缺乏场地及试验设备的不利条件下，公司全体人员互相信赖，同甘共苦，依靠艰苦创业的精神和脚踏实地的工作作风，克服重重困难，研究开发出填补国内空白的新产品，以价格和服务的优势迅速地开辟拓展了国内市场。就这样公司的生产经营在比较短的时间内，开始逐步走上正轨。

然而，随着企业规模的增大，员工人数的增加，作为工科博士的葛总开始认识到要想保证公司能够持续稳定发展，仅仅靠现有的经验是远远不够的，必须用先进的现代化企业管理方法来管理企业。于是，他挤出时间，参加了多个由国内著名大学等主办的面向企业高层管理者的培训班。通过参加培训班，葛总学到了很多西方管理学的知识，同时也开阔了视野。可是遗憾的是，他发现参加这些培训班，在听讲的时候好像很受启发，有时候听着也很激动，然而回来之后却不知道如何下手。他感觉这些西方管理学的理论很难直接运用到自己的企业管理实践中。理论与实践之间存在的巨大差距，使他一度感到很困惑。

令他感到幸运的是，在创业初期公司曾经与日本著名企业京瓷公司有业务往来，因此葛总有机会接触到京瓷创始人稻盛和夫的经营哲学，接触到一些与阿米巴经营相关的知识。从 2010 年开始，为了寻找正确答案，解决自己面临的经营管理中的难题，葛总仔细读了稻盛和夫的《活法》《干法》和《阿米巴经营》等书籍，感到阿米巴经营模式比较适合自己的企业。比如，稻盛和夫在书中强调经营哲学的重要性，还提到当公司发展到 200 人的规模时就需要"分身"了。当时公司也刚好是 200 人的规模，于是他就在心里产生了共鸣。还有，葛总觉得稻盛和夫提到的一些做法，特别是划小核算单位，也非常适合公司的情况。在意识到稻盛和夫的经营哲学和阿米巴经营模式正是他苦苦寻觅的经营企业的指南之后，葛总就下定决心按照稻盛和夫经营哲学的思想和阿米巴经营模式来经营管理公司。

公司正式导入阿米巴经营模式是 2012 年，开始是葛总通过看书自己摸索导入阿米巴经营，搞了一段时间后感觉在运用方面不是很顺利。员工在制定核算表方面花了很多时间，却没有达到预想的效果，员工也难免有很多怨言和抵触情绪。为了解决这个问题，公司组织有关人员参加了京瓷阿美巴管理顾问（上海）有限公司的阿米巴经营研修班。在阿米巴经营研修班当中，学习了组织架构的划分方法和核算表的运用以及有关经营管理的知识，进一步学习掌握了如何运用阿米巴模式来经营管理企业。参加培训的人员回到公司之后，马上将在研修班上学习到的知识运用到实践中。公司最初是从内部改革入手，为了推行阿米巴经营进行相应的组织变更。但是，组织变更之后就出现了更深层的问题。比如说职位如何调整，核算项目与财务项目对不上时如何得出最终数字之类的问题。这些问题后来都通过探索和实践一个一个地得到了解决。当然，说起来很简单，实际上操作起来还是花费了很多的时间，投入了巨大的精力。

第四节　阿米巴经营的导入方法和过程

一、阿米巴经营导入阶段

公司导入阿米巴经营时采用了循序渐进的方法，先在试点部门导入，取得了一定的成功经验之后，再面向全公司推广。从2011年开始筹划准备到目前已经过了五年多的时间。迄今为止的导入过程大致可以分为准备阶段、试点阶段和全面推广三个阶段。

（一）准备阶段

准备阶段的时间跨度是从2011年初到2011年底。这个阶段的主要内容是学习稻盛哲学。首先是以葛总为首的公司干部通过阅读有关书籍资料学习稻盛哲学和阿米巴经营理论。然后，通过给部下宣讲和部下自学相结合的方式让全体员工了解熟悉稻盛哲学和阿米巴经营理论。各个部门的干部和员工通过会议等方式交流分享学习心得体会。

（二）试点阶段

在公司的干部和员工对稻盛哲学和阿米巴经营理论有了一定的了解之后，公司在2012年考虑选择生产和销售部门作为试点，导入阿米巴经营。这个阶段开始时是自己摸索，先是划分阿米巴：将生产部门按照生产工序划分阿米巴小组，销售部门按照市场区域划分阿米巴小组。然后，参照京瓷单位时间核算表，制定出各阿米巴小组的核算表。在摸索中常常会遇到一些具体问题，为了解决这些问题，专门安排有关人员，参加外部咨询公司举办的有关阿米巴经营的培训班。把学到的东西，运用到具体实践中。经过近两年的试点，感到有一定的效果。于是，将试点的阿米巴经营实践经验加以总结，为在全公司推行阿米巴经营做好准备。

（三）全面推行阶段

公司在 2014 年开始全面推行阿米巴经营。在这个阶段，公司的经营管理工作完全依照阿米巴经营模式展开，每个阿米巴按照公司的总的方针和目标制定自己的工作目标，为实现目标而努力工作。使用 PDCA 循环，对比实绩与目标的差异，分析差异产生的原因，提出解决问题的方法并付诸实施。通过不断地在实践中改善和提高，阿米巴经营的实施已经取得了很大的成效。在这几年市场不太景气的不利条件下，为公司克服困难，保持持续增长作出了贡献。

2016 年 3 月，公司正式推出《好点子提案制度》，鼓励大家在日常工作中不断改善和创新，让阿米巴经营的意识渗透到每个角落。截至 2016 年底，员工共计提案 94 项，一大批高质量、高水准的提案对产品质量的改进、生产效率的提升和生产成本的降低起到了重大的推动作用。

2016 年 3 月，公司启动哲学手册的修订和编辑工作，企业文化小组成员全程参与，经全员征集并和提案人员及各部门多次沟通后，历时 4 个多月，终于编辑成功。手册内容结合了国瑞升的实际情况和历史积累，在借鉴稻盛哲学的基础上，提炼出了国瑞升的文化精髓。它是全体国瑞升人经营人生和事业的精神食粮，为未来的成长道路确立了共同的"圣经"。2016 年 7 月，公司在成立 15 周年司庆典礼上专门举办了"国瑞升哲学手册发布仪式"，向每位员工发放了亲笔签上大家姓名和入职编号的手册。

2016年底，公司学习并引入了京瓷的人事评价体系，参照稻盛和夫提出的"成功方程式"，从思维方式、努力程度和工作业绩等几方面对员工进行全面综合的评价。在这里需要强调的是这种评价只是一种手段，其目的在于通过评价指明员工需改进和提升的方向，扎实有效地培养企业所需的人才。

二、阿米巴经营导入的具体过程

从公司整体来说，阿米巴经营的导入工作主要有以下三项工作组成，一是确立以价值观与经营理念为核心内容的国瑞升经营哲学；二是划小核算单位，即划分阿米巴组织；三是建立基于阿米巴组织的部门独立核算制度。

（一）公司经营哲学的制定和落实

京瓷以重视经营哲学闻名于世，它的经营哲学是阿米巴经营的重要组成部分。公司把确立价值观和经营理念作为导入阿米巴经营模式的一项基础工作。2014年，公司在参考学习稻盛哲学的基础上，结合多年来的思索和实践并通过"国瑞升价值观征集活动"吸取了部分同事的思想智慧编制了第一版《国瑞升价值观手册》，其主要内容如下：

1. 企业愿景。成为全球研磨抛光材料的领头羊。

2. 经营理念。追求全体员工身心两方面幸福的同时，为人类社会的进步与发展做贡献。

3. 核心价值观。

• 以人为本：相信和尊重个人，支持员工的进步和发展。

• 顾客至上：我们努力满足顾客对质量和服务的要求，热情而积极地帮助顾客取得成功。

• 诚信务实：我们提倡诚实守信，实事求是，脚踏实地的做人做事态度。

● 团结进取：我们相信团队的有效合作才是公司发展和成功的关键，不仅公司内部，而且要与顾客、供应商密切合作，实现并力争超越公司目标和市场期望。

● 精益求精：我们提倡工作认真细致，追求完美的工作作风。

4. 企业精神。

● 创造奉献：通过研发生产一流的产品，提供优质的服务，创造良好的使用价值和经济效益，奉献社会。做一个对他人有益的人，办一个对社会有益的公司。

上述国瑞升价值观与经营理念不仅写在公司的网页上，还写入国瑞升价值观手册里。2014年编辑的价值观手册的主要内容是：（1）国瑞升追求的目标；（2）国瑞升经营目的；（3）国瑞升价值观；（4）六项精进；（5）国瑞升行为规范；（6）成功方程式；（7）具备正确的思维方式。2016年6月，公司再次面向全员征集完善了价值观手册的内容，汇集了多年来公司的文化传承及员工智慧，总结出做人做事的原理原则，提炼出国瑞升的文化精髓并更名为"哲学手册"。哲学手册由三部分组成，分别是"为了更幸福的人生""为了创建一个卓越的国瑞升""为了社会因我们而美好"。从"作为人，何谓正确的判断基准"到"承担社会责任"共计83条内容。

哲学手册人手一册，可以随时随地学习领会。通过经营会议、晨会（每天早上开始工作前的班组会议）以及公司内部刊物（刊名叫做《在路上 On The Way》，由各个部门轮流负责编辑）等多种形式，宣讲和落实经营哲学，使得其内容深入到全体员工心里。使得每位员工的目标与公司的整体目标协调一致。关于经营哲学的重要性，葛总的下面的一段话是一个很好的诠释：

"我认为导入阿米巴经营的同时也需要导入稻盛哲学。通过导入阿米巴经营，我明白了一个道理：如果要最大程度发挥阿米巴经营能效的话，那么稻盛哲学是不可或缺的组成部分。因为如果公司员工不从心底认可公司的价值观，大家是无法一起工作的。我们在导入阿米巴经营的同时，大家也学习了稻盛哲学。通过晨会、领读，以及各个阿米巴长将公司的经营情况分享给员工，同时也能够实现哲学的教育并深入人心。我们学习稻盛和夫先生的哲学、理念，追求物质与精神两方面的幸福，大家的心性提高了，同时对事物的认知也变得客观了。此外也渐渐地感觉到，员工的不满少了，幸福感也有所提升。阿米巴经营和稻盛哲学改变了员工的意识，这是个非常好的状态。因此2015年起，从我开始，管理层直至普通员工都认真深入地学习了一次稻盛哲学。另外还进行了全员关于"六项精进"的培训，大家的收获不同，有的人说'再次意识到反省的重要性'，有的人说'我的烦恼少了很多'，总体来说收获很大。因此，我也提议是否让员工家属也接受培训？毕竟幸福不是一个人的事情。"

上面提到的"六项精进"是稻盛和夫总结出的要想经营好一个企业所需的条件，其具体内容是：（1）付出不亚于任何人的努力；（2）要谦虚，不要骄傲；（3）要每天反省；（4）活着，就要感谢；（5）积善行，思利他；（6）忘却感性的烦恼。

（二）阿米巴组织的划分

公司的组织构架形式采用的是职能型组织结构。在实施阿米巴经营之前，主要职能部门包括生产、销售、研发、财务、人事、总务等部门。为了实施阿米巴经营，将所有部门分成两个大类，一类是PC（profit center）部门，即利润中心，另一类是NPC（non-profit center）部门，非利润中心或者叫成本中心。PC部门包括生产部门（5个工厂）、营销部、研发部，NPC部门包括技术工程部、品质部、运营中心、财务部、综合管理部等。生产部门按照工序划分阿米巴组织，每个阿米巴都是独立核算的PC单位。

每个阿米巴人数，从几个人至20几个人不等。其中，运营中心的前身是资材部，为了导入阿米巴经营，进行了重组。它全面负责阿米巴经营模式的推进实施工作。财务部辅助运营中心的阿米巴经营推进实施工作。图5-2是公司导入阿米巴经营模式后的组织架构。

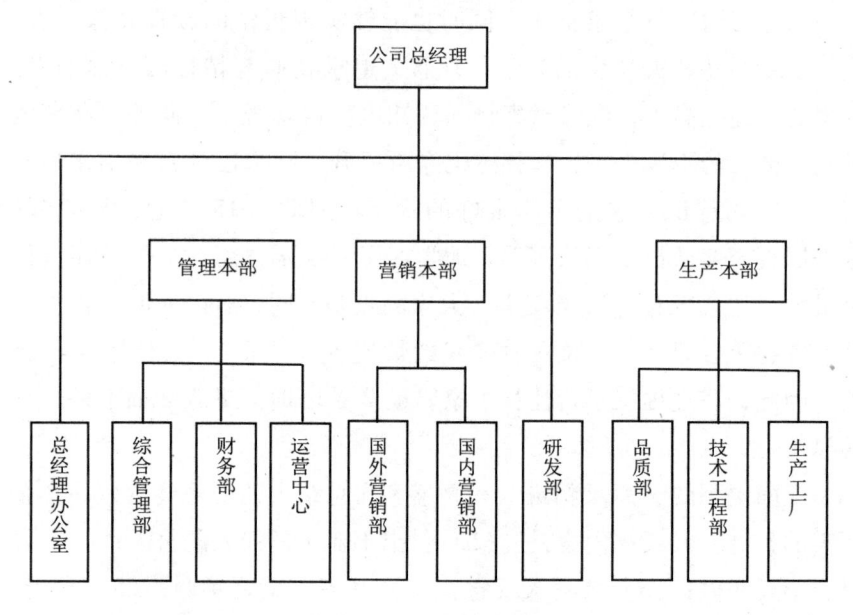

```
                        公司总经理
            ┌──────────────┼──────────────┐
         管理本部         营销本部        生产本部
       ┌───┬───┬───┐    ┌───┬───┐    ┌───┬───┬───┐
      总  综  财  运   国   国   研   品  技  生
      经  合  务  营   外   内   发   质  术  产
      理  管  部  中   营   营   部   部  工  工
      办  理      心   销   销            程  厂
      公  部           部   部            部
      室
```

图5-2 公司组织构架

资料来源：公司内部资料。

（三）阿米巴经营独立核算制度

阿米巴经营模式的一个重要特征是它的独特的部门独立核算制度。每个阿米巴组织就像一个自负盈亏的小企业，没有一个好的经营核算制度，是无法生存和发展的。公司借鉴京瓷的做法，结合企业的实际情况，设计了一套针对阿米巴组织的管理制度。这个管理制度的核心内容是单位时间核算表。表5-2是公司某生产厂（PC部门）的单位时间核算表的示例。表5-3是公司某管理部门（NPC部门）单位时间核算表的示例。

第五章　国瑞升的阿米巴经营实践　　141

表5-2　　　　　　　某生产厂单位时间核算表

单位间核算表　　　　　　　　　　　　　　　　　金额单位:元　时间单位:小时

组织名称：　负责人：　制作日：

No.	科目	2月				3月		
		预算(MP)	计划	预算比(%)	实际	计划比(%)	预算(MP)	计划	预算比(%)
1	对外销售收入	722500	767356	106	397811	52	807000	607564	75
2	公司内部收入	3180000	3318365	104	3129902	94	4230000	4147984	98
3	公司内部采购	2100125	2312348	110	1812981	78	2723500	2672650	98
4	生产总值	1802375	1773373	98	1714732	97	2313500	2082898	90
5	经费合计	1098207	987707	90	1011813	102	1327321	1084614	82
6	原材料费	380341	324895	85	382473	118	456125	420716	92
7	辅助材料费	95828	61348	64	70269	115	127962	89392	70
8	原辅料占比(%)	26	22	82	26	121	25	24	97
9	日常业务招待费	0	0	100	0	100	0	0	100
10	差旅费	0	96	8	48	50	0	96	8
11	交通费	0	0	100	0	100	0	0	100
12	办公费	500	280	56	147	53	500	360	72

续表

月份			2月				3月		
No.	科目	预算(MP)	计划	预算比(%)	实际	计划比(%)	预算(MP)	计划	预算比(%)
13	电话通信费	1464	1272	87	1156	91	1464	1272	87
14	水电燃气费	27700	27450	99	62049	226	28350	23150	82
15	物料消耗	21600	15620	72	14781	95	33400	16120	48
16	劳保用品	4100	5500	134	4716	86	6600	6050	92
17	会议费	0	0	100	0	100	0	0	100
18	维修费	11800	8000	68	20871	261	20500	27600	135
19	运输及保险费	1200	0	0	1492	0	1600	0	0
20	车辆费	0	0	100	0	100	0	0	100
21	广告宣传费	0	0	100	0	100	0	0	100
22	服务费	1200	2200	183	1056	48	1200	2200	183
23	劳务费	0	0	100	0	100	0	0	100
24	租赁费	12435	12435	100	12435	100	12435	12435	100
25	折旧费	80411	80410	100	76422	95	80411	80410	100
26	无形资产摊销	0	0	100	0	100	0	0	100
27	福利费	0	0	100	232	0	0	3432	0

第五章 国瑞升的阿米巴经营实践　143

续表

No.	科目	预算(MP)	计划	预算比(%)	实际	计划比(%)	预算(MP)	计划	预算比(%)
	月份		2月					3月	
28	教育经费	0	0	100	0	100	0	0	100
29	其他	0	0	100	2000	8	0	0	100
30	销售经费	155360	154000	99	106924	69	172200	126000	73
31	研发技术服务费	57928	39894	69	61124	153	78534	64314	82
32	转移费用（转入）（包含研发费用）	35000	35000	100	-18156	-52	35000	-22000	-63
33	转移费用（转出）（包含研发费用）	11000	15000	136	18583	124	17000	22000	129
34	库存利息	25000	23300	93	24108	103	24500	23600	96
35	部门公共费（部门内NPC）	37500	47253	126	48383	102	52500	22565	43
36	公司公共费（公司NPC）	137840	133754	97	120700	90	177040	164900	93
37	结算毛利	704168	785665	112	702919	89	986179	998284	101
38	总时间	6892	6688	97	6035	90	8852	8245	93

续表

No.	科目	预算(MP)	2月 计划	预算比(%)	实际	计划比(%)	预算(MP)	3月 计划	预算比(%)
39	实际工作时间	5606	5372	96	5045	94	7166	6832	95
40	加班时间	310	236	76	127	54	430	185	43
41	转移时间	546	680	125	433	64	706	700	99
42	部门公共时间（部门内NPC）	430	400	93	430	107	550	528	96
43	当月单位时间毛利	102	117	115	116	99	111	121	109
44	当月单位时间产值	262	265	101	284	107	261	253	97
45	毛利率	39	44	113	41	93	43	48	112
46	人员	42	42	100	42	100	42	42	100

资料来源：公司内部资料。

表 5-3 某管理部门单位时间核算

单位间核算表

组织名称： 负责人： 制作日：

金额单位：元 时间单位：小时

No.	月份 科目	2月 预算(MP)	2月 计划	2月 预算比(%)	2月 实际	2月 计划比(%)	3月 预算(MP)	3月 计划	3月 预算比(%)
1	订单金额	0	0	100	0	100	0	0	100
2	销售额	0	0	100	0	100	0	0	100
3	总收益	25008	26908	108	24994	93	29005	35462	122
4	总经费	0	0	100	0	100	0	0	100
5	日常业务招待费	0	0	100	0	100	0	0	100
6	差旅费	0	0	100	0	100	0	0	100
7	交通费	260	260	100	28	11	892	1000	112
8	办公费	1521	1521	100	1388	91	1521	1388	91
9	电话通信费	2300	2300	100	3916	170	1000	4000	400
10	水电燃气费	1500	1500	100	3904	260	2000	3500	175
11	物料消耗	200	100	50	0	0	30	0	0
12	劳保用品	0	0	100	0	100	0	0	100
13	会议费	4054	4054	100	3903	96	4054	3903	96
14	维修费	30	30	100	14	47	25	15	60
15	运输及保险费								

续表

No.	科目	2月 预算(MP)	2月 计划	2月 预算比(%)	2月 实际	2月 计划比(%)	3月 预算(MP)	3月 计划	3月 预算比(%)
16	车辆费	0	0	100	0	100	0	0	100
17	广告宣传费	0	0	100	0	100	0	0	100
18	服务费	5236	5236	100	0	0	5236	10472	200
19	费用性税金	0	0	100	0	100	0	0	100
20	租赁费	8177	8177	100	8177	100	8177	8177	100
21	折旧费	1430	1430	100	1563	109	1430	1563	109
22	无形资产摊销	0	0	100	0	100	0	0	100
23	福利费	300	300	100	100	33	1140	1444	127
24	教育经费	0	0	100	0	100	3500	0	0
25	其他	0	2000	8	2000	100	0	0	100
26	财务费用	0	0	100	0	100	0	0	100
27	转移费用(转入)	0	0	100	0	100	0	0	100
28	转移费用(转出)	0	0	100	0	100	0	0	100
29	研发佣金	0	0	100	0	100	0	0	100
30	库存利息	0	0	100	0	100	0	0	100
31	应收账款利息	0	0	100	0	100	0	0	100
32	承兑汇票利息	0	0	100	0	100	0	0	100

第五章　国瑞升的阿米巴经营实践　　147

续表

No.	月份 科目	2月 预算(MP)	2月 计划	2月 预算比(%)	2月 实际	2月 计划比(%)	3月 预算(MP)	3月 计划	3月 预算比(%)
33	部门公共费 （部门内NPC）	0	0	100	0	100	0	0	100
34	公司公共费 （公司NPC）	0	0	100	0	100	0	0	100
35	结算毛利	−25008	−26908	108	−24994	93	−29005	−35462	122
36	总时间	1986	1986	100	1630	82	2312	2272	98
37	实际工作时间	1966	1966	100	1558	79	2272	2272	100
38	加班时间	20	20	100	72	358	40	0	0
39	转移时间	0	0	100	0	100	0	80	8
40	部门公共时间	0	0	100	0	100	0	0	100
41	单位时间毛利	−13	−14	108	−15	113	−13	−16	124
42	人均销售额	0	0	100	0	100	0	0	100
43	人员	14	13	93	13	100	14	13	93

资料来源：公司内部资料。

第五节 各部门实施阿米巴经营的情况

公司的阿米巴经营是通过各个部门来实施的，每个部门根据各自的特点开展阿米巴经营。下面介绍生产、研发、销售、运营中心、财务、综合管理等部门实施阿米巴经营的具体情况。

一、生产部门的阿米巴经营

公司目前有四个生产工厂，即吉羊工厂、燕山工厂、南阳工厂、盘锦工厂。这里主要介绍吉羊工厂阿米巴经营导入的情况。吉羊工厂的主要产品是抛光膜，抛光液。车间有48位员工，即配料工序5人，涂覆工序8人，成品工序19人，试产工序5，研磨液工序11人。按工序分为5个阿米巴，基本上就是原来的班组。前3个阿米巴是一个连接的流程，价格按照加工费加其他费用，原则上要让每个环节都有利润。实施阿米巴经营，可使现场的员工看到相关信息，比如原材料价格，员工就会不断提高竞争意识，积极参与改善经营。

过去大家只管完成生产任务指标，现在大家会主动地分析为什么利润下降，跟研发和采购人员一起，商量选择最有利的材料供应商。生产设备配件尽量想办法使用替代进口件。车间核算与财务部门核算每个月核对，员工感到自己的付出能够获得回报。还有，原来包给外部的设备拆除，现在就想办法自己来做，这样就节省了5000元。原来外协加工的东西，想办法自己开发改为内部制作。跟销售部门提前沟通，加大一次加工数量，减少对刀次数。在进行哲学理念教育方面，灵活地利用现代网络技术，建立微信群，分享反省体会。燕山工厂负责生产聚晶金刚石微粉。生产工艺分为提纯，分级两道工序，按照工序建立了2个小阿米巴。降低成本的主要手段是节省水电费，改进工艺，节约原材料成本。

每个小阿米巴通过每天的例会通报情况，把好的经验和做法在每月的大阿米巴例会上交流分享。如果有比较成熟的有推广价值的经验，就在公司经营会议上交流分享。

当然，在实施阿米巴经营的过程中，也出现过一些问题。举例来说，就定价问题跟销售部门有时会有矛盾。推出一个新产品，往往产品成品率低，造成成本偏高，这样销售部门那里积极性不高。解决方法是保障销售部门阿米巴要有利润空间。另外，手工制作核算表等要花很多时间，有些员工不太理解，感觉是浪费时间。

二、研发部门的阿米巴经营

研发部共有30人，是一个大阿米巴，每个项目组是一个小阿米巴。一般3~8人一个项目组，共分10个项目组。一个研发人员可以同时参与不同的项目。研发部的收入主要有三个来源，第一个来源是从销售额中提成。按照销售最大化原则，开发产品投产上市（结题）三年之内，从销售额中提成，作为阿米巴的收入。第一年提成销售额的3%，第二年2%，第三年1%。第二个来源是研发技术服务费，这一部分按照吉羊工厂和燕山工厂结算毛利的8%收取。第三个来源是研发及政府项目补贴。

根据经费最小化原则，原料按照所需用量购买，不大批购买以避免造成库存积压和浪费。时间管理方面主要是控制加班时间。每天记录参加各个项目的工作时间，每个月底合计。过去项目延期的情况很多，现在延期比较少。项目周期为两三个月至一年。项目负责人由上级指定或者竞标。研发部的阿米巴是在生产部阿米巴试点成熟之后，逐渐导入推广的。

三、营销部门的阿米巴经营

营销部最初是按地域划分，分为华东、华南、北方、海外 4 个阿米巴。营销人员负责各区域里所有行业的客户管理。但是，随着产品的不断升级，公司发现以地域划分阿米巴不再适应公司的发展需求，于是 2016 年开始在营销部推行产品负责人制，每位营销人员负责指定的产品销售，这样可以使营销人员更深入地了解产品从而更好、更深入地服务客户。营销部阿米巴的收入为常规产品收入与非常规产品收入之和，即库存产品收入加上订单产品的佣金，订单产品佣金是按订单金额收取一定比例的佣金作为销售阿米巴的收入。过去，销售拿来了订单，生产部门不太愿意接，交货也不及时。现在就不同了，生产部门愿意多接订单。原来营销部门员工工作就像个体户，个人顾个人，互相不配合，有时候还为了争抢客户而闹矛盾。阿米巴经营模式导入之后，员工之间的工作氛围更融合，合作更加有效。

阿米巴长学会了经营管理，就像自己管理一个小的企业。每天发布业绩，订单的情况，销售额，回款完成的情况。每周二和周四营销部召开半个小时全体会议。会议开始全体轮流读国瑞升哲学手册。阿米巴小组每周均会召开小组会议，结合经营数字，讨论计划及实绩的完成情况及改进方法。目前存在的问题是如何将紧急订单纳入订单计划，这是必须解决的一个问题。另外，为了防止工作出现空当，营销部的每一个岗位均设置了 A，B 角。

2017 年初，公司根据市场发展需要，为了更灵活地应对市场变化，更好地服务客户，再次将原有以产品划分的销售阿米巴拆分重组。结合产品和细分行业特点，将原营销部拆分为营销 1 部阿米巴和营销 2 部阿米巴，营销 1 部下设芯衬组阿米巴，营销 2 部下设抛光膜组、研磨带组和 LCD 组阿米巴。这样就使得整体销售方向更集中，销售队伍更专业。

四、运营中心的阿米巴经营

从组织划分上看,运营中心是 NPC 部门。它是由原来的资材部改组而成的,其职能类似于京瓷的经营管理部的职能。运营中心的职责是推进阿米巴经营,主要工作是制定与运用有关的规章制度。以前这个部门只注重货物的移动,根本不关心公司的整体运营状况。现在运营中心负责包括核算在内的公司经营管理工作。月底公布核算表,确认各个阿米巴每天和每周进度。如果阿米巴之间单位时间价值有较大的差异,会找出原因所在,根据情况适当地调整内部价格。

五、财务部门的阿米巴经营

财务部也是 NPC 部门,除了承担正常的公司财务职能以外,还要协助运营中心推进阿米巴经营模式。公司的阿米巴组织按照工序划分,如何合理设定转移价格,按照工序的难易程度,使各个阿米巴的结算毛利尽量均衡,保证都能够赚钱,这些都是很重要的问题。公司规定采取"一单一议"原则,每个订单都由各个阿米巴之间商议价格。而财务部门的成本会计参与其中。参考京瓷的做法,把间接费的比例告诉阿米巴供他们参考。

财务部有 6 个人,都参与阿米巴经营。导入阿米巴以后,财务部的工作量大幅度增加。例如,原来的水电费只要合计数字,而现在要细化为每个阿米巴的水费和电费。过去是每个月 8 日出单体报表,15 日出合并报表,现在 2 日就出报表,最终目标是 1 日出报表。目前在考虑导入 ERP 系统,全面提高数字处理能力和效率。

六、综合管理部门的阿米巴经营

综合管理部的前身是人事行政部,2014 年 8 月公司架构调整时,改组为综合管理部，共有 16 人。综合管理部的职责主要有三个，一是采购，二是人力资源，三是总务。对应这三个职责综合管理部分成三个组。综合管理部属于 NPC 部门，工作范围包括物资采购，人事培训，工时的统计等。人力资源组负责阿米巴组织的人员管理工作，阿米巴长提出用人要求（要人或不要人的）时，都要经过人力资源组核实确认。

导入阿米巴后的员工意识最大的变化是成本意识的提高。采购物品，培训供应商的选定，都会考虑成本。原先包装纸箱比较大，空的地方放入填充物，现在尽量买大小合适的箱子。所有物品都需要双重确认。

综合管理部的业绩评价，采购部门的业绩由工厂来评价。年终员工评价是有一个第三方的评价。评价指标采用定性指标加打分。食堂隶属于综合管理部，因为食堂如果放在生产厂，会被看作是一个成本中心，而降低食堂的成本意味着福利的削减，不利于调动员工积极性。对于员工提出的合理化建议、好点子建议等，公司有各种各样的及时奖、好点子提案奖励制度，金额虽然不大，但是能够引导大家全员参与经营，从自己的实际工作中一点一滴进行改善和提高。公司各部门日常分工明确，遇有大型活动的时候则通力合作共同完成。综合管理部通过年度阿米巴预算来控制费用总额。之前实行过绩效薪酬制度，引进阿米巴经营模式时逐步弱化并最终取消了绩效制度，其前提是保证员工总收入没有下降。公司对于综合管理部的考核是通过 KPI（关键业绩指标）评价每个模块，总体评价指标是内部满意度。

第六节 导入阿米巴经营后的效果

公司通过导入和推广阿米巴经营模式，在管理层和员工的经营意识，公司经营管理水平的提升，以及公司经营业绩等几个方面均取得了较为突出的效果。

首先是管理层和员工的经营意识的变化。公司的组织架构采用的是职能型科层制组织结构。过去，管理人员只关心本部门任务指标的完成，缺乏经营管理和经济效益意识。实行阿米巴经营之后，大家的精神面貌发生了变化，经营意识明显提高。无论是 PC 部门还是 NPC 部门的管理人员，都开始注重通过提高本部门的业绩，来为公司整体业绩的提升作出贡献。例如，现在的运营中心经理，从过去单纯负责库存到现在负责整个物流和数据的管理，责任范围扩大的同时，提高经营本部门的意识，在公司推广阿米巴经营模式的过程中作出了很大的贡献。这就体现了阿米巴经营模式的特点，在经营实践中培养具有经营者意识的人才。

不仅是管理层，员工的意识也有所变化。导入阿米巴经营之前生产部门的员工只关注生产，对价格方面毫不关心。但是现在如果有客户要求降价的时候，营销人员会马上就是否能降价的问题与生产部门人员进行商量。此外，以前员工对利润亏损与否毫不关心，现在对于降价是否会导致利润减少这样的事情也开始关心起来。以前有大量订单时，存在不少浪费的情况。导入阿米巴经营之后，生产线树立起了节约的意识，按照订单量来安排生产。这样既减少了库存积压也增加了营销人员和生产人员之间的沟通。导入阿米巴经营之前，公司的产品库存高达 200 万元，既占用资金又占用了仓库空间。而导入阿米巴经营后，产品库存下降至 100 万元，降低了 50%。

其次，公司的经营管理比过去更加规范有效，经营管理水平有所提升。通过导入阿米巴经营模式，公司的经营管理人员学会了如何根据经营理念去看数字，并通过分析数字背后的原因逐步改进工作。更为重要的是学会了如何将公司的总目标变成每个阿米巴小组和每个员工的目标，然后如何通过实施 PDCA 实现每一个目标。这样整个公司的经营管理过程就形成了一个良性的循环。无论是经营管理人员还是普通员工，大家以企业为家，工作更加主动，实现了全员参与经营。在这个过程中，培养了一大批具有经营管理意识的基层干部和后备人才，为公司持续健康发展提供了有力的保障。

最后，公司经营管理水平的提高，直接反映在公司业绩的变化上。从表5-1和图5-1可以看出，自2012年导入阿米巴经营模式之后，销售收入、利润、销售利润率等公司各项主要业绩指标保持了高速稳定的增长。

第七节 成功经验与尚待解决的课题

如上面所述，公司的阿米巴经营模式导入过程是一个循序渐进的过程。从一年的准备开始，经过了两年的试点，最后到全面推行，迄今为止已经有五年的时间。借助京瓷阿美巴管理顾问（上海）有限公司指导，通过公司干部和员工的共同努力，阿米巴经营模已经成为公司新的经营管理方法，并且在实践中显示出较好的效果。

阿米巴经营在公司能够成功导入，主要有两条成功的经验。一条是领导者要有决心和毅力，要带头实践率先垂范。在访谈中，葛总曾经这样讲过："阿米巴经营能否成功，我觉得主要的还是领导者的决心，不管多好的东西遇到困难就撤退、逃避，那么再好的效果也出不来。我跟员工讲过，可能阿米巴经营不是世界上最好的，只是在于适不适合你的企业。适合了就坚持做下去，就会有效果。事实证明还是有效果的，不论是日企还是国企都有效果。虽然有一定的困难，但是坚持做下去就能改变自己，改变员工。"

另一条是在导入阿米巴经营的时候，不仅要学习阿米巴单位时间核算制度，还要结合学习稻盛经营哲学，确立本公司的经营理念和价值观，并且要通过不断地宣讲和自我教育，使每一位干部和员工都认同公司的理念和价值观。只有这样大家才会齐心协力，朝着一个共同的目标前进。也只有这样阿米巴单位时间核算制度才能真正有效。

综上所述，在过去几年中，公司在阿米巴经营导入和落地方面取得了很大的成功，积累了丰富的经验。另外，在阿米巴导入过程中，还存在一些尚待解决的课题。一项课题是公司人事考评制度的改革，2016年底，公司参照京瓷的人事评价体系，着手制定了员工评价考核制度。目前在试行阶段，有待将来进一步完善。还有一项更重要的课题就是如何提高员工对于核算背后的阿米巴精神的理解和领会。葛总认为，阿米巴经营核心的精神并不在于数字，而是在于如何把数字背后的经营过程与营销、生产的计划、任务和职责联系起来。阿米巴经营看似是通过数字进行管理，但是实际上是一种精神上的自我管理。不断追求自我超越才是它的核心精神。如何运用这个精神把公司运营得更好，这正是公司目前面临的新课题。

国瑞升的愿景是成为全球研磨抛光材料的领头羊，我们期待今后国瑞升通过不断地完善阿米巴经营，优化企业经营管理，来实现企业的长期可持续发展，最终把崇高的愿景变成美好的现实。

第六章 银座集团精益小组经营模式*

第一节 引 言

银座集团的全称叫山东银座旅游集团有限公司,隶属于山东省商业集团有限公司(简称"鲁商集团")。它是整合鲁商集团优势业态资源组建成立的酒店旅游产业集团。注册资本为1.2亿元,资产规模60多亿元。

近年来,面对国内持续下滑的经济形势和依旧低迷的消费市场,银座集团通过实施精益管理,同时学习和借鉴阿米巴经营的理念和内部独立核算制度,在集团内部掀起了一场经营管理体制的大变革。经过几年的摸索实践,初步实现了企业"管理现代化、会计经营化、效益最大化、成本最小化、压力传导化、绩效跟踪化"的目的,大幅度地提升了企业经营管理的水平,增强了市场竞争能力,提高了经营效益。本案例详细介绍银座集团通过把精益管理与阿米巴经营有机地结合起来,开发出独具特色的精益小组经营模式的过程,归纳总结其经营管理体制变革的成功经验。

---

* 在本案的调查访谈和收集资料过程中,得到了天津大学管理与经济学部教授牛占文以及银座酒店管理公司总经理周立刚和泉城大酒店财务总监万年军、营销总监吴晓勤的大力支持和协助,在此致以诚挚的谢意!

第二节　银座集团概况和导入精益小组经营模式的背景

银座集团以酒店业为主业，经营业态涵盖酒店、文化休闲、餐饮、旅行社、景区景点等。酒店业以高星级酒店和经济型连锁酒店为发展重点，在山东省内在建和开业的五星级酒店6家、四星级酒店12家、经济型酒店100多家；文化休闲业以大众、时尚、阳光为主题，致力于健身、美容、量贩式KTV、休闲餐饮、娱乐等业态的连锁发展，涉足高端艺术品收藏和展览；旅行社业务以山东旅游有限公司和山东（香港）旅游有限公司为核心企业，开展出境、入境和国内旅游业务。

银座集团按照"吃、住、行、游、购、娱"的旅游产业链各要素，进一步整合各类资源，引进优势项目，形成连锁发展态势。自2009年3月31日组建以来，经营规模不断扩大，品牌知名度不断提高，连续六年获得"中国最具规模的30家饭店管理公司（集团）"称号，2015年蝉联全国旅游集团20强。

近年来，由于受国内经济不断下行、消费市场持续低迷等因素的影响，酒店行业的经营受到较大冲击，同行业的竞争日趋激烈。面对前所未有的严峻形势，银座集团积极求变大胆尝试，从2012年起就以集团下属的山东银座泉城大酒店（简称泉城大酒店）为试点单位，在推行持续改善和优质服务提案基础上，借鉴世界知名企业的经营管理理论和实践，学习和导入世界先进的经营管理方法。首先，通过学习精益生产方式，导入适合酒店服务行业精益管理模式。在此基础上，参考阿米巴经营模式，独创了"精益小组经营制"模式，在实践中取得突出效果。一个崭新理念的导入和实施，激发起一场新的变革，让一个具有历史印记的老国企在新常态下焕发出生机和活力。

第三节 泉城大酒店精益管理的导入过程

一、泉城大酒店精益管理导入的背景

泉城大酒店是银座集团所属的国有企业,已经有34年的经营历史。酒店占地21亩,地上建筑5万余平方米。酒店始建于1973年,1980年南楼先期开业,1983年全面开业。1994年改建为三星级涉外酒店,曾连续9年接待山东省人大、政协会议和全国性商品交易会,取得了较好的经济效益和社会效益。

2003年初,泉城大酒店开始学习引进先进的经营管理模式,以顾客为中心进行管理模式的创新。经过全体员工的共同努力,酒店经营管理得到了突破性的提升,并于2005年9月荣获四星级旅游饭店称号。随后,泉城大酒店步入快速发展时期,经营收入也由2003年的1876万元跃升至2012年的11715万元,增长7倍。但是,自2010年以后,伴随着国家宏观经济政策的调整和旅游政策的放开,国内外许多投资者开始争相进入酒店业市场,使得酒店业竞争日趋激烈。受到这种经营环境变化的影响,泉城大酒店酒店营业收入增速开始放缓。特别是2012年12月中共中央提出了八项规定,倡导简朴之风、厉行勤俭节约、反对铺张浪费。这些政策上的变化,在一定程度上制约了酒店业的发展。各个企业和事业单位部门开始降低招待标准,星级酒店经营业绩骤然下降,泉城大酒店也深受影响,营业收入出现了大幅度的下降。

面对经营环境的巨大变化,泉城大酒店的管理者并没有怨天尤人,将酒店经营业绩的下滑完全归咎于市场的疲软,而是清醒地认识到应该多从内部经营管理、服务水平方面寻找自身的原因。他们认为,市场疲软竞争激烈的经营环境,对于酒店经营来说既是危机同时也是机会。必

须抓住机会,把市场竞争的压力转变成提升酒店自身经营管理的动力。为了使泉城大酒店在激烈的市场竞争中占据优势地位,酒店管理层决定借助外部的资源,对酒店的经营管理进行彻底的变革。和天津大学精益咨询团队展开合作,组成了以泉城大酒店总经理和天津大学精益专家为核心的精益管理导入团队(简称精益团队),以精益的原则和方法优化酒店经营管理。

二、精益管理的导入与推广

精益管理的导入与推广涉及酒店经营管理和具体业务工作的各个方面,需要在前期做好系统的调查研究和规划设计,以期顺利地推行并达到良好的效果。凭借天津大学精益咨询专家在服务行业多年的咨询经验,结合泉城大酒店的实际情况,精益团队将泉城大酒店的精益管理导入与推广分为三个阶段:第一阶段是调查研究和现状分析;第二阶段是对策设计,第三阶段是实施推广。

(一)第一阶段:调查研究和现状分析

精益团队在项目负责人带领下,从泉城大酒店的运营状况入手开展调研,用了一个多月的时间,花费了大量的精力,成功地收集了有关酒店运营的全面而翔实的一手资料和数据。然后通过对这些数据和资料的详细分析,发现当时泉城大酒店经营管理中存在着诸多问题亟须解决。其中主要问题包括以下三个方面。

第一个问题是客户体验较差导致客源流失。对比酒店在 2012 年和 2013 年的入住量,精益团队发现酒店的客源流失情况非常严重,流失率呈现逐月上升的趋势。经过进一步的逐层深入分析,团队总结出以下两点主要原因。一个主要原因是房型单一。这个原因有它的历史背景,因为泉城大酒店的整体的建筑设计是在 20 世纪 70 年代,年代较为久远且格局单一,与目前新建酒店相比,泉城大酒店的房型明显缺乏多样性。

在现今这个酒店行业向多元化转变的大环境下，只维持单一的房型已经不能满足顾客的需求，也难以发展忠诚顾客或吸引更多新的客源。另一个主要原因是餐饮服务质量不高。泉城大酒店的餐饮服务多年来一直没有得到有效的提升。精益团队的分析显示，酒店对服务员的礼仪培训等不够重视，有些服务员对客户态度较差。从互联网平台上的数据看到，近20%的客户在酒店入住后对酒店的设施或服务作出了中评或者差评。上述这些问题在很大程度上影响了顾客的入住体验，导致了客户对酒店满意度较低，进而导致客源流失。另外，客户对酒店的不良印象还可能引起其他潜在客源的流失。

第二个问题是服务作业流程烦琐、布局紊乱。在对员工服务作业的分析中，精益团队发现酒店内部没有明确的服务作业标准，员工都是在凭个人感觉或是个人好恶做事。而且现场物品摆放的不规范也增加了员工作业难度。比如酒店前台以及清洁部门的工作工具和物品摆放混乱，物品标识也不清楚，这就大大增加了当值员工工作时的差错率。这些物品的胡乱放置不仅会妨碍当值员工的工作效率，而且会不必要地增加顾客办理入住和退房的时间，从一定程度上降低了客户的体验。一个最常见的现象是在为顾客办理入住时，前台往往需要花费较长的时间寻找客房钥匙，而且还存在拿错钥匙的情况。除此之外，酒店在流程上还存在一些多余浪费现象。例如，员工在进行做房业务时，存在大量的重复操作；在为团体、会议客人办理入住退房手续时，因为没有提前和销售经理沟通，导致取房卡、收取证件的种种往复，增加了客人的等待时间。

第三个问题是整个组织缺乏活力。精益团队的调研发现，泉城大酒店内部员工的流动性较低，企业员工都是一些资历很深的老员工，思维僵化等现象非常严重。例如，部分老员工认为酒店做的就是招待客户住宿，没有必要发展其他业务。这种思维既限制了酒店的多元化发展空间，也在无形中减弱了酒店在市场上的竞争力。此外，员工的低流动性还使得酒店现有的组织模式相对僵化、刻板，存在"有人无事干、有事无人干、职能错位、人浮于事"等现象，以至于经常出现员工职责不清，相互推诿的情况。

泉城大酒店组织缺乏活力的另一个原因是，酒店缺乏明确的管理及考核制度。有的员工认为自己干的虽然比别人好，可是却和其他干的差或者干的一般的人拿一样的工资，因此就没有必要比别人多出一份力。这就使得酒店内部的员工工作的主动性较差，不利于企业经营管理，也不能适应现代酒店业市场的发展需求。

（二）第二阶段：对策设计

通过对泉城大酒店经营现状的调查分析，结合精益管理模式的一些理念与方法（如作业标准化、价值流分析、持续改进等），精益团队认为必须从作业、流程、组织三个层面对泉城大酒店进行改造。表6-1是泉城大酒店精益管理对策设计主要内容。它包括作业改善、流程变革、组织优化三个维度以及相应的主题、内容、工作要求与输出。作业改善维度主要通过优化服务界面、规范服务行为来提高作业环境的操作性和可靠性，目的在于提高员工的作业效率。在流程变革维度方面，要求通过改善管理过程价值流，消除浪费，来实现流程的精益和高效。在组织优化维度，主要通过建立各项考核制度和标准，从制度上明确自主经营小组的职责和权利，完善小组经营活动，增加组织的活力。

表6-1　　　　　　　泉城大酒店精益管理对策设计

	主题	内容	工作要求与输出
组织优化	完善经营小组活动	在制度上和方法上推动小组活动	形成小组活动考核机制制度/流程/标准/表格
流程变革	实行流程效率精益化	识别流程中的价值并消除浪费	绘制流程价值流图管理过程价值流图及改善计划
作业改善	提高员工作业效率	提高作业环境的可靠性以及操作性	操作简单化/点检目视化形成操作标准与目视标准

资料来源：公司内部资料。

(三) 第三阶段：实施推广

泉城大酒店精益管理的实施和推广主要包括三项内容：第一项内容是服务标准化；第二项内容是提案改善制度；第三项内容是价值流分析。

1. 服务标准化。对于泉城大酒店来说，精益管理中的作业标准化，就是酒店服务作业的规范化与标准化。目前在我国的酒店服务业，普遍存在经营管理、服务作业流程不规范，缺乏科学化、制度化、标准化的酒店经营管理体系。在这样一个大的背景下，泉城大酒店管理层目光敏锐地看到精益管理模式的巨大潜力。特别是其中的标准化管理正是当时酒店管理最为薄弱的部分，因此将标准化管理率先导入到酒店的日常管理之中。

从2012年下半年起，历时将近2年时间，泉城大酒店全体员工经过不懈努力共整理和制定酒店通用基础标准57项，制定、修订服务保障标准133项，服务提供标准417项。各类标准共计607项，覆盖所有的服务业务环节，实现了各环节的业务"有法可依、有章可循"。在主要营业区域通过可视化的服务环节标准看板，来指导员工为顾客服务。通过全面深入的标准化，泉城大酒店不仅初步形成了优质服务的理念，节省了工作时间，提高了工作效率，而且初步构建了长效的激励机制，形成一种"比、学、赶、帮、超"的服务氛围，不断涌现技术能手，在鲁商集团技术比武中，酒店选手分别获得"中式热菜""中式铺床""西式面点"第一名的优异成绩，被鲁商和旅游集团树为标杆员工。

2. 提案改善制度。在引入服务规范化、标准化的同时，精益团队也清醒地认识到仅仅靠开展服务标准化和规范化活动远远不能适应当前的市场竞争环境。如何在标准化和规范化的基础上不断地进行酒店管理的创新，才是实现酒店的可持续发展的根本所在。如何解决这个难题呢？精益管理中的"提案改善制度"是一个有效的方法。为此，泉城大酒店成立了以各部门总监为成员，人力资源部为常设办公室的"提案改善领导小组"，总经理亲自挂帅担任提案改善小组组长。以全员参与为基础，建立了提案改善管理机制。

提案改善管理的具体措施是：要求全体员工每人每月提4条改善建议，各部门按班组进行汇总、审核筛选及备案后，于每月月底之前报人力资源部汇总，参与评选。每月酒店管理层召开提案改善分析会议，对每月统计的改善意见进行汇总、分析、评比，评选出3个"提案改善先进班组"予以1000元抵值券的奖励。对于改善建议被部门采纳的员工予以考评加分的奖励；对于被总经理采纳的建议，经审核具有一定可行性的，可以颁发"总经理特别奖"；对于被集团采纳推广的建议，给予500元及酌情晋升工资等奖励，获奖提案在员工长廊张贴宣传，号召全体员工学习借鉴。

通过这种全员参与改善的方式，截至2016年底共收到员工建议4661条，产生效果的有688条。例如，宴会小组在2016年3月的有机蔬菜美食节推广活动中，大胆把有机盆栽放入房间内，既绿化房间又能主动给客人推送美食，在提高营业额的同时提高了顾客的满意度。这种全员参与的、基于本职工作的改善，小到花饰摆放，大到酒店热水系统改造，全方位地覆盖了酒店管理的各个方面，为顾客提供了全方位无死角的满意体验。

3. **价值流分析**。泉城大酒店开展了标准化和提案改进活动之后，初步做到了各个管理环节"有法可依，有章可循"，形成了全员参与，全方位的改善文化，但是上述改善都属于操作层面的改善。在不断巩固落实，不断拓展优化以上改善成果的基础上，酒店更需要在业务流程方面进行改进和创新，使其业务流程标准化、高效化，同时要改善酒店经营流程与结构，使基层员工自主经营，灵活决策，提升酒店的现场管理水平。因此，精益团队下一步的主要工作就是集中力量进行价值流的识别与分析。

从业务流程来看，泉城大酒店的价值流是服务价值流，包括为客户提供服务，以及支撑服务提供的、非客户参与的服务价值形成的全部活动。服务价值流包括从供应商处购买的原材料到达企业，企业对其进行加工后转变为成品再交付客户的全过程，企业内以及企业与供应商、客户之间的信息沟通形成的信息流也是价值流的一部分。图6-1是泉城大酒店住宿餐饮服务业务流程价值流图。

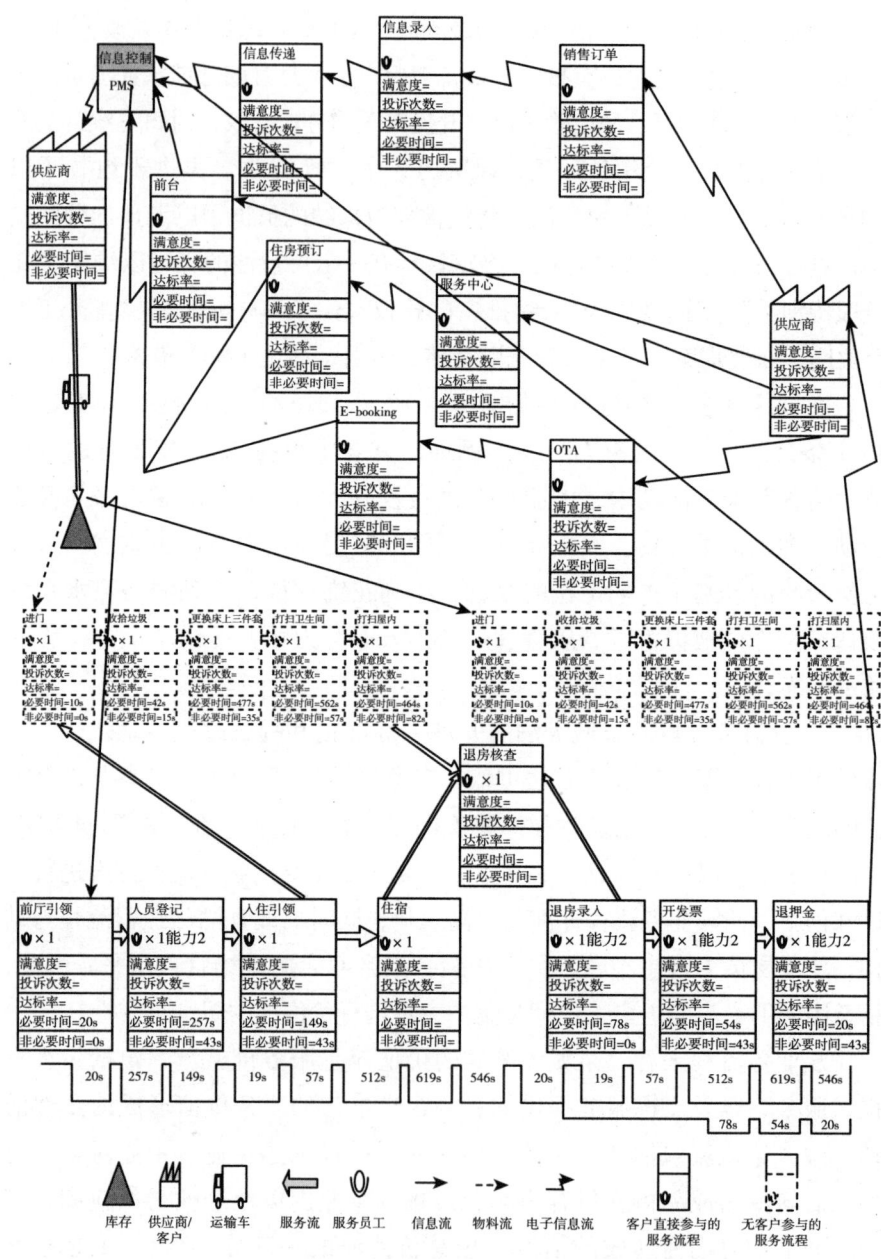

图 6-1 泉城大酒店住宿餐饮服务业务流程价值流图

资料来源：公司内部资料。

根据服务价值流，从流程管理和服务管理两个维度出发，提出各个服务环节的关键控制指标，如服务时间、投诉率、满意度等指标，帮助企业分析服务流程环节的现状水平，挖掘改善点。客户入住价值流主要由两部分构成：第一部分是客户入住酒店，接受酒店提供住房服务的整个流程环节，包括前厅引领、客户入住，以及客房服务等流程。第二部分是酒店住房信息流动，通过信息流动的梳理，深入分析影响服务提供的潜在要素，提升客户服务信息的流通速度和质量。餐饮价值流分析有两个作用：第一个作用是揭示餐饮服务提供的实物流动，从原材料处理到客户用餐，进行服务节点控制。第二个作用是揭示餐饮信息的流动，信息包括原材料采购信息和客户订餐信息。

第四节　泉城大酒店精益小组经营的导入过程

泉城大酒店精益管理自 2012 年开始实施，花了两年的时间基本完成了当初设定的主要任务。从设定服务标准，实行提案改善制度，到实施价值流分析，酒店的整体面貌有所改观，各项工作也取得了初步的成效。但是，组织缺乏活力的问题依然没有能够解决。比如通过价值流分析，可以识别出泉城大酒店为服务业务中的那些不能增加价值的流程。然而改变优化业务流程并非是一个简单的问题，它涉及组织构架的变更，业绩评价体系和人事制度的变革，同时也涉及每个员工的权利、职责以及切身利益。

很明显，上述问题单靠实施精益管理是难以解决的。就在这个时候，思维开阔的总经理接触了日本极具现代特色的管理方式"阿米巴经营"，于是经过深入的研究和思考，提出了学习借鉴阿米巴经营模式，结合精益管理，构建精益小组经营制的构想。其基本思路是：根据经营业务的特点，将公司划分为多个最基本的经营单位，每个经营单位选一名负责人作为组长，在此基础上，将酒店的经营任务分解到各个小组，每个组长都是 CEO，带领本组成员，全权负责本小组目标任务的完成。这样就改变了原有的以部门为中心的运营模式，采用根据酒店业务流程来划分小组，这样组织的经营目标变得更加具体明确。

经营主体变小了，组长对每个员工的工作情况一目了然，能够让所有员工都参与到经营活动中来。同时实现了任务层层分解，压力层层传导。赋予员工一定的经营权，精益小组进行独立决策，树立了员工的"主人公"思想，强化自身的"老板意识"，时刻关心酒店的经营情况。哪个小组效益好，这个小组的成员收入就会增加；反之，小组成员的收入就会下降。通过这种方式使更多的基层管理者和员工参与到酒店的经营管理中，把酒店的整体目标和个人的收入紧密联系起来，真正调动员工的能动性和责任心，把增加收入和控制成本和费用落到实处。在泉城大酒店内部，精益小组也叫做阿米巴经营小组。

采用精益小组经营方式的目的有三个，第一个目的是建立与市场挂钩的部门核算机制；第二个目的是培养具有经营者意识的人才；第三个目的是实现全员参与的经营。精益小组经营的具体实施包括以下三项内容：第一项是划分精益小组，调整组织架构。第二项是制定独立核算制度，实施单位时间附加值核算。第三项是利用 PDCA 循环，推动精益小组经营的开展。

一、划分精益小组，调整组织架构

划分精益小组有两个原则：一个原则是合理划分原则，另一个原则是灵活调整原则。首先，精益小组的划分不是任意的，要合理划分。具体来说就是要符合以下三个条件。第一个条件是必须是能够独立核算的单位。要有明确的收入，同时能够计算出为取得这些收入而所需的支出。第二个条件是必须能够独立地完成业务。小组长在经营小组时有钻研创造的空间，可以体会到其事业的价值。第三个条件是必须能够贯彻公司整体方针和目标。组织的细分不能影响到公司方针与目标的实施，而必须有利于落实公司方针和目标。另外，每个精益小组也不是固定不变的组织，要根据市场和竞争对手的变化动态地调整，按照需要解散旧的小组或者组成新的小组。

具体划分精益小组有三个标准：第一个标准是小组职能要明确，根据职能设立组织，打造人人具有使命感的组织。第二个标准是组织要灵活，能够应对市场的变化。实践小组经营，要时刻关注市场的实际情况，及时作出反应。第三个标准是要有支持小组经营的经营管理部门。经营管理部门是处理公司整体经营数据的部门，可以准确而有力地支持各个精益小组的经营活动。

按照上述原则和标准，首先，将整个酒店划分为两大中心：利润中心和成本中心。利润中心是能给企业带来收入和利润的部门，主要是餐饮、客房和招商。三大部门再进一步分解，餐饮分解为6个小组，自助、宴会、会议、烧烤、堂吧和研发小组；客房分解为4个小组，前厅、A座、B座、C座小组。基本原则就是只要能独立计算收入和支出的业务单位，都作为单独的小组管理。

成本中心主要是支持服务部门，不能为企业直接带来收入和利润。成本中心是按服务职能划分工程、安保、人力资源、财务、综合办公室5个小组，成本中心组长为本小组的费用负责。这样，酒店就打破了原有的以部门为中心的运营模式，转为根据酒店业务流程划分小组。经过组织构架调整，共细化分解出了11个经营小组和5个非利润小组。其结果使得组织的目标更加清晰、明确，同时实现了任务层层分解，压力层层传导。精益小组经营实施后，经营主体变小了。每个小组少则几人，多则20~30人，组长能够准确及时地把握本组成员的工作情况，发现问题可以及时地解决。同时，实行精益小组经营有利于让所有员工都参与到经营活动中来。

财务部制定出年度各项经营指标，每个小组长直接和总经理签订目标责任书，直接对本小组的经营状况负责。但是在这个过程中出现了下面的问题，即酒店传统的组织权限结构，制约着精益小组经营灵活性的充分发挥。为了解决这一问题，酒店将原有的正三角权力架构形式，变成如图6-2所示的倒三角形组织架构，形成适合精益小组经营的管理体系。

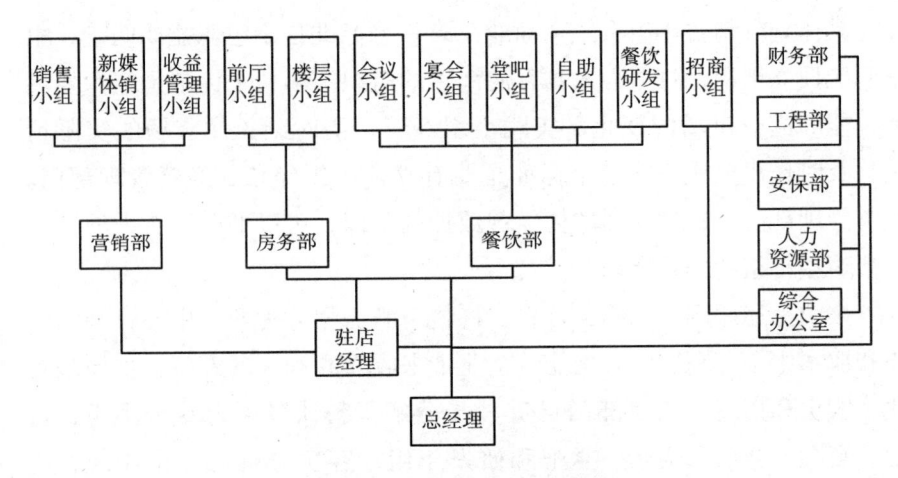

```
销售   新媒   收益   前厅   楼层   会议   宴会   堂吧   自助   餐饮   招商      财务部
小组   体销   管理   小组   小组   小组   小组   小组   小组   研发   小组
       小组   小组                                           小组              工程部
                                                                              安保部
       营销部         房务部              餐饮部                                人力
                                                                              资源部
                                                                              综合
                          驻店                                                 办公室
                          经理

                          总经理
```

图6-2　泉城大酒店组织架构

资料来源：公司内部资料。

在调整之前，组织架构是正三角形，总经理处在正三角的顶端，向下辐射到各个部门负责人，各个负责人辐射到主管领班，处于三角形最底层的是一般员工，管理模式是领导命令，下面执行。改革以后，将组织架构调整为倒三角形，将直接面对客户直接为公司创造收入和利润的一线员工放在倒三角的顶端，让一线员工直接面对市场终端需求，变传统的领导下命令为一线员工主动让用户满意，让每个小组成为自主经营体。一线员工积极性得到提高，工作更加积极主动，其结果顾客的满意度也得到了提高。这样整个酒店的经营效果也会随之提高。就像动车装置，每节车厢都是动力源，整个列车的速度就会大幅度提升。

精益小组经营制的实施不仅给组织注入新动力，也使整个组织实现了明显瘦身。人事部结合精益小组经营制的导入，精简机构设置并调整人员编制。经过与各部门的沟通和对接，不断优化工作流程，进行岗位合并、工作区域重新划分，制定出了更为精简的人员编制体系。酒店自成立小组后将编制由524个降至438个，减少编制86个，降幅达到16.4%，提高了员工工作效率也节约了人力成本。如前厅将大堂副理、前台接待、礼宾部3个岗位人员流动使用，将大堂副理岗位职责由前厅经理、前台、礼宾分摊，不再设置大堂副理岗位，3个岗位合计减少编制9个；房务部小组通过引入绩效工资，提高员工做房积极性，通过重新划分工作区域，岗位合计减编15个。

二、制定独立核算制度，实行单位时间附加值核算制

企业经营管理的基本原则是"销售最大化，费用最小化"。为了实现利润最大化的目标，要在努力增加销售额的同时，尽量削减所有经费支出。为了让员工清楚地知道怎样才能提高销售额，经费开支发生在哪里应该怎样削减，不光需要向员工公开反映业务实际效果的数据信息，更为重要的是要让普通员工能看得懂这些数据信息，理解数据的意义。而传统的财务报表的数据信息既笼统又滞后，不能及时动态地反映现场的经营状况，即使面向普通员工公开，也没有多大的意义。

为此，参照阿米巴经营的核算方法，泉城大酒店引入了"单位时间附加值"这一指标作为精益小组经济效益核算的指标。具体来说，单位时间附加值 = 销售额 - 费用（劳务费以外的所有费用等）/ 总劳动时间（正常工作时间 + 加班时间）。单位时间核算得出的收益减去计时工资之差就是单位时间净利润。单位时间附加值的算法十分简单：以客房南楼A座小组为例，该小组10月31日的总收入是91739元，总支出包括税金（3674）+ 变动费用（水、电、气、暖、物料）（11075）+ 固定费用（折旧、利息、税金、摊销）（25818）= 40567元，总工作时间为164小时，那么，单位时间附加值 = （总收入 - 总支出）/ 总工作时间 = （91739 - 40567）/ 164 = 51172/164 = 312.02元/小时。这样计算出的单位时间附加值就是A座小组全体成员每小时创造的价值。

单位时间核算制度的实施，使各个部门、各个小组甚至每个员工的

经营业绩都变得清晰、透明。酒店按月公布各个小组当月的经营状况，其中每个小组的单位时间附加值、每个组员及小组所创造的利润，及其占公司总利润的百分比等，都一目了然。这样，单位时间的附加值即是衡量业绩优劣的统一标准，同时也成为激励员工的重要动力。

引入了单位时间附加值核算制度之后，会计核算不再单纯是会计部门、会计人员的工作，每个小组长不仅会经营，而且还要会记账、算账。最重要的是，单位时间附加值的核算不仅仅是月度计算指标，而是每天都要履行的任务。这样小组长对每天的收入，每天的经营结果都有一个清楚的了解，一旦偏离目标任务，在第二天即可作出调整决策，不仅避免了层层汇报、层层下达的低效率问题，而且实现了经营绩效的实时跟踪。

更为重要的，通过导入实施单位时间附加值制度，实现了由财务会计向管理会计的转变。小组长能够根据经营情况来及时调整自己的经营策略，同时也为酒店发展培养了经营管理后备人才。泉城大酒店通过用管理会计的手段协助全体员工参与经营管理，从而实现"全员参与"的赋权式经营方式，让经营者通过会计核算报表能够及时、清楚地掌握企业经营情况，让每位员工充分掌握自己所属的组织目标，在各自岗位上为达到目标而不懈努力，在工作当中实现自我，更加自觉、主动地为酒店创造效益。企业由财务会计向管理会计的转变，表面上看是简单的会计方式的变化，实质上是一场经营管理体制的深刻变革。表6-2为上善坊精益小组一周的单位时间附加价值计算。

表6-2 阿米巴经营小组单位时间附加值计算表（周表）

小组名称：上善坊　　　　　　　　　　　　　　　　　　　　　　　　　单元：元

项目	周六 6.13	周日 6.14	周一 6.15	周二 6.16	周三 6.17	周四 6.18	周五 6.19	汇总
收入汇总（97%）	97749	62470	56050	30891	66964	66500	51579	432203.36
早餐收入	13700	13005	10090	10485	15015	17945	15705	95945.00

续表

项目	周六 6.13	周日 6.14	周一 6.15	周二 6.16	周三 6.17	周四 6.18	周五 6.19	汇总
上善坊收入	83086	47646	44243	18289	48842	43401	32898	318405.00
增加每人5元早餐收入	2740	2601	2018	2097	3003	3589	3141	19189.00
西软报表收入	97947	61721	55703	29685	65939	64857	49936	425788.00
税金	5534	3487	3147	1677	3726	3664	2821	24057.02
不含税收入								0.00
成本汇总	23333	44430	19966	32369	25512	24312	38154	208076.00
成本1	23333	44430	19966	32369	25512	24312	38154	208076.00
员工福利费	518	468	388	428	318	528	428	3076.00
其中：员工其他福利								0.00
员工餐费用	518	468	388	428	318	528	428	3076.00
能源费用	990	949	780	888	579	1032	842	6060.00
其中：水费	126	128	122	123	123	136	156	914.00
电费	864	821	658	765	456	896	686	5146.00
蒸汽费								0.00
其他费用	1248	1102	874	907	694	1661	981	7467.55
物业维修费	246	196	50	125	58	689	122	1486.00
办公费								0.00
网络通讯费	232	232	232	232	0	232	232	1392.00
租赁费								0.00
低值易耗品摊销	124	136	68	108	86	189	121	832.00
布草更新								0.00
瓷器更新								0.00
其他更新								0.00
预定费用								0.00
布草洗涤费	72	72	72	72	72	72	72	504.00

续表

项目	周六 6.13	周日 6.14	周一 6.15	周二 6.16	周三 6.17	周四 6.18	周五 6.19	汇总
鲜花植被装饰	21	21	25	21	21	25	25	159.00
音乐娱乐								0.00
劳动保护费								0.00
工装费	260	260	260	260	260	260	260	1817.18
刷卡手续费	294	185	167	89	198	195	150	1277.36
变动费用合计	2756	2519	2042	2223	1591	3221	2251	16603.55
餐饮固定费用	3914	3914	3914	3914	3914	3914	3914	27398.00
利润	62211.15	8120.37	26980.98	-9291.41	32220.86	31388.70	4438.13	156068.79
工作总时间	496	448	428	488	448	488	384	3180.00
单位时间附加值	125.43	18.13	63.04	-19.04	71.92	64.32	11.56	49.08

小组负责人　　　　　　　　　　制表人

注：1. 税金 = 西软报表收入 × 5.65%。
　　2. 收入项目根据本小组实际收入类别填列，每类收入填列一行。
　　3. 成本项目与相应的收入项目对应填列。
　　4. 员工福利不含每月发放的工资。
　　5. 餐饮收入汇总 = 报表收入的 97% 加 5 元早餐补助计算。
　　6. 每天固定费用按面积 × 2 元计算。
　　7. 收入成本只填涂色部分，费用项目根据实际费用逐项填列涂色部分。
　　8. 日期每天填写，方便月度汇总。
　　9. 本表每周六上午 9 点前发送邮箱 hxj20051020@163.com。

资料来源：公司内部资料。

三、利用 PDCA 循环，推动精益小组经营的开展

精益小组的运行使用的是著名的 PDCA 管理循环，只是将单位时间附加价值作为小组经营活动的目标和考核经营效果的尺度。P 代表制定小组计划，包括年度计划和月度计划。这些计划既要反映酒店整体的愿景和经营战略与方针计划，又要反映本小组的抱负和具体目标。D 是指执行计划，即按照计划中的行动方案去完成计划。执行阶段的重点是现

场管理，以完成服务指标为目的。现场管理的方法是前面所述的精益管理，通过开展5S（即整理、整顿、清扫、清洁、素养）现场管理活动，使服务作业和流程标准化。通过提案制度，发挥每个员工的聪明智慧，不断地改善作业方法和管理制度。C是指对执行结果的检查和分析。具体做法是：通过小组晨会、酒店每天的例会，以及每月的经营分析会，检查和分析各个层面的计划执行的结果，如果发现了问题，就要及时地分析问题发生的原因，找出解决问题的方法。各个精益小组负责人要在每天的晨会上，向每个成员讲解到昨天为止本小组计划指标完成的进度，以及公司目前的经营状况。让每个员工清楚地知道自己的工作对小组做了哪些贡献，还有哪些不足之处，应当怎样改进提高。A是指对上面检查的结果进行处理。好的做法和经验要总结表彰奖励，使之成为今后工作的标准，不足之处要克服和改进，避免今后出现同样或类似的问题。为此，酒店制定了相应的奖励和处罚规则。

精益小组经营的开展给酒店的经营管理带来了新的活力。在近年来市场竞争愈加激烈的经营环境下，为了不断开拓市场，提高顾客满意度，在增加收入和减少成本两个方面都有所创新。首先，酒店在创收增收上下足功夫，采取多种手段积极开拓市场，招揽顾客。如近年来随着国内医药、保健行业市场迅猛发展，包括研讨会、培训会、展销会等在内的各种类型的主题会议不断增多。面对这一重要市场机遇，营销部加大对医药行业的中小型系列会议的销售力度，适当增加会议室和自助餐的销售比例，收到了明显效果。再如，酒店根据市场形势的不断变化，及时进行结构调整，对闲置部位和商场全面招租，目前总招租面积已达13000多平方米，写字间场地租金收入同比也有大幅增加。

其次，采用科学的预测方法进行需求预测。通过价格优化，找出最佳可售房价，实现收入最大化。酒店通过深入分析市场整体变化趋势、供求情况变化、竞争对手价格特点、预订进度、季节性和周期性市场需求、影响本地旅游市场供求关系的发生大事件等情况和数据，准确把握和利用市场需求和消费行为变化的规律，从中发现问题、规律和商机，及时调整销售策略和价格,争取酒店收益最大化。

例如,旅游团队入住酒店一般会提前两周至一个月预订客房,到了入住的时候,有时会因出现预想不到的突发情况,造成客房不够。因此,为保险起见通常要比实际用房多订 2~3 个客房,等到店后再进行减房。这样,会造成房间闲置,失去创造收入的机会。收益经理经过对旅行社团队消费行为的分析,以及对同期会议预订情况的对比分析,为降低上述习惯做法对酒店客房销售带来的不利影响,在给旅行社进行客房预订时,在可控情况下果断减少两间客房的预订量,避免了酒店房间空余。

再如,酒店团队通过分析婚宴接待与会议团队两者的特点,认为婚宴以用餐为主,收入为餐费,相对单一;综合性会议不仅需要多餐的会议用餐、会议场地费用,还存在茶歇、与会人员休憩而产生消费等可增加的附加盈利,收入点比较多,综合收益明显大于婚宴,且较婚宴管理及服务成本要低很多。因此在同等条件下,酒店会优先考虑协调接待大型会议,并将婚宴定价以会议定价为参考进行调整。酒店在实践经营中不断总结经验,相继发明了超额预订法、增加满房天数、升档销售、增加价值销售、捆绑销售等方法,收到显著效果。

通过分析假日酒店客房经营的特点,开展客房促销活动。以清明节为例,在 4 月 29 日至 5 月 1 日期间,酒店与银座三期鲁信影城、趵突泉公园联合推出"住套房赠电影票、公园门票"的活动,有效地提高了五一期间的客房出租率。另外,还联合餐饮、客房推出各种节假日、美食节的策划方案,将房+餐秒杀产品、房+景等产品在集团运营中心微商城上线。房务部充分利用房间现状,将出租率不高的房间打造成"儿童房"氧吧房、婚庆房,满足不同宾客需求,也提高了该类型房间的出租率。酒店前台在接待台明显区域内摆放布艺玩具、地方特产及节假日礼盒,便于宾客入离店时推销与购买,通过多种经营渠道增加收入。酒店外卖不断丰富品种,并建立外卖群、售卖充值卡,即招揽了人气又增加了收入。

在千方百计提高客房出租率的同时，还通过改善流程来提高工作效率。下面列举几个具体的改善措施：一是餐饮部进行人员整合，如厨房将早茶和零点人员合并，明档人员合并，前台服务人员一人多能，提高服务技能，大大节约了人力，同时提高了工作效率。二是将酒店联欢会的有关照片发放至各学校，通报年度优秀实习生情况，记录实习生在店的学习情况，使合作院校看到在店实习学生的多才多艺及酒店丰富的文化生活与培训，促进合作。三是酒店会议茶歇不断更新，丰富茶歇种类，除日常配备软饮、红茶咖啡，还根据季节更换新品种如冰糖菊花茶，水果茶等等，同时设"秘书台"，体现细微服务。四是为了配合酒店部门组织的员工活动宣传工作，人力资源部自行申请微信公众号，制作软文，发布酒店管理层微信圈，使宣传方式多样化，有利于部门之间的学习与交流。五是细化会议客源市场，对目前酒店会议进行归类，细分市场可分为总结表彰会、产品推介会、学术交流会、培训会和签约发布会议等，观察各类会议举办时间，掌握各类会议特点，开展有针对性的销售工作。六是招商客户撤店时，宣传语缺乏柔性和指导性，字体也不美观，为此专门制作宣传模版，为以后商户撤店时使用，既温暖了商户的心，又保持了酒店大堂的环境。七是通过班组整合与培训，工程部按照员工的特点，制订培训计划，培养员工一专多能，实现人人"万能工"。完善入住宾客"服务细节"，提高入住温馨体验，房间配备"万能充、简易衣架"等，并为 VIP 客人提供"洗衣机"。改善楼层员工做房工作流程，配备专用抹布、自制 U 形布草袋，极大提高员工做房速度。八是财务部门每天要处理很多账单，需要规整应收账款、内外款、现金、转前台等等。为了便于查看，用不同颜色的夹子来区分，并且应收账款的部分用专门的橱子来放置销售经理的账单，把账夹上单位名称、编号等标注清晰，通过以上这些改善活动大大地提高了查找效率。

另一方面，酒店在大力"开源"的同时，在"节流"上也狠下功夫。员工是企业创造价值的源泉，员工的积极性被很好地调动起来了，就能以最小的费用和成本为客户创造最大的价值。因此精益管理不仅仅是领导层的事，而是全员都必须积极参与，这样才能最大限度地发挥精益管理的效果。有道是"天下难事，必做于易；天下大事，必做于细"，持续改善是一条通往卓越的道路。在开展提案改善活动中，酒店的每一位员工都怀着追求卓越的热忱，在各自的岗位上积极参与经营，努力在日常工作中追求着完美。比如，在实施改善提案制度之后，出现了许多通过员工提案取得明显成果的例子。

下面举三个具有代表性的例子：第一个是安保小组主动为住店客人提高便利服务的例子。过去，安保小组员工经常会碰到住店客人由于汽车没电向他们求助的情况，开始他们都是帮客人联系酒店附近的汽车修理厂为客人修理。后来，员工们发现所谓修理一般都是电瓶搭接打火，操作非常简单。于是他们就自己买来电夹，借助酒店车辆，为客人进行搭接打火。在第一时间为客人解决了难题，受到客人好评。他们还在门口贴上了"汽车没电，找安保"的温馨提示语，从此住店客人再也不用担心汽车没电了。

第二个是自助餐小组废物利用节约成本的例子。在过去，客人用过的酒精炉中剩余的酒精会直接倒掉，十分可惜。后来，二楼自助餐小组员工主动把酒精炉剩下的酒精收集起来擦拭家具、房间的灯开关、电话等。这样做不但有利于保持家具等的清洁度，而且让废物得到利用，同时还节约了购买清洁剂的花费。

第三个是客房小组节约成本的例子。由于有些住店客人不注意，在吸烟时有时会把抱枕上烧出一个小洞。过去，遇到这种情况直接更换新的，成本较高。后来，客房小组员工开动脑筋想办法，自己动手在有烟洞的抱枕绣上图案，盖住烟洞。这样既省去了重新定做抱枕的费用，又增加了客房的生活情趣。

酒店大项的费用节约项目主要还是围绕工程小组的节能降耗来展开的。泉城大酒店作为四星级酒店，对设施设备要求较高，各方面能耗较大。酒店运用精益管理，从能耗计量入手，实行每日能耗统计制度，掌握酒店每日能耗情况，并建立起了能耗数据库，为节能挖潜提供参考和依据。根据对能耗数据的分析，提出和实施了多个节能项目，取得了明显的效果。

上善坊中餐厨房采取反季节购进原料，如鲍鱼、海参，并充分使用各种原料，增加新品种，做到物尽所用，最大限度让利于顾客，又节约各种采购费用。楼层员工自己动手，将报废的布草，加工成枕套，或"以大改小"改成不同规格的床单，二次使用，并自己动手缝制抱枕套、布草袋、沙发套等房间配备物品，节约了购进布草及小件物品的费用。

在用电方面，酒店通过对配电室电容柜的改造，不仅提高了用电质量，而且节省了大量用电费用。针对在公共区域照明设备使用时间长的特点，全部更换为 LED 灯具，实现节电 50% 以上。原来大堂顶部有 50 盏 50 瓦射灯的水晶吊灯，虽然相当美观，但是射灯的寿命较短也非常费电。过去损坏后更换是一个难题。后来，员工想办法找到一款 6.5 瓦的 LED 灯，经过试验照明效果达到了 50 瓦射灯的水平，同时寿命提高 3 倍。于是在五一劳动节后借洗水晶球的机会进行彻底更换，这样就不会时常出现坏灯的情况，还节约了电能。预计每年节省电费 1.2 万元。还有酒店空调运行水泵，由 50 瓦调整为 20 瓦，节约了耗能，并通过实行"合并用电，错时用电"，根据时间的不同、电价的不同，在不影响运营的情况下，实现了省电省时。

此外，酒店在对自来水泵、热水循环泵等进行更换的同时，还根据酒店热水使用习惯，对热水循环泵采用了分段分时运行制，使热水循环泵运行时间缩短为原来的一半，同时大大减少了泵的磨损和能源的消耗。在节水方面，利用新技术在厨房安装节水龙头，在客房安装雾化节水龙头，还利用周围的自然资源引进泉水实现节水。通过以上措施，酒店用水从 2011 年的 16 万吨到 2015 年的 8 万吨，节水超过 50%。在热能利用方面，通过高效率板式换热器的应用、热水系统改造、利用太阳能和气源热泵技术，使得热水成本大幅下降，2015 年蒸汽使用量只有 2012 年 50%，减少蒸汽费用 100 万元。

酒店通过更换热水循环泵、冷水供给泵，改造电容柜等一系列行之有效的措施，把控制费用落到实处，压缩了酒店各项运营成本。2016年第一季度，酒店能耗同比下降6.43%，达到同行业先进水平。2015年通过了节能申报，获得济南市历下区节能项目补贴30万元。

在这种全员参与改善的氛围中，2015年共收到员工建议2000余条，可实施的有1400余条，实施率在75%以上。这种全员参与的、全方位的、基于本职工作的改善，小到青菜的下脚料以及早餐所剩面包的使用，大到酒店热水系统改造，既有酒店设备设施的改进，更有对顾客体验的改善。每一处改善都彰显着酒店精益求精，不断改善的管理理念。

第五节 泉城大酒店精益小组经营实施效果

泉城大酒店在经营管理实践中以组织结构调整和科学评价体系的制定为基础，将服务标准化、提案改善制度以及精益小组经营制有机地结合起来，形成了酒店独特的经营管理模式。服务标准化力图用标准化管理打造标准化的优质服务实践；提案改善侧重于酒店管理和运营的持续改善，注重激发酒店全体员工的智慧，促进从量变到质变；精益小组经营制则借鉴阿米巴经营模式，将酒店管理组织划分成小的独立经营小组。基于阿米巴经营模式的精益小组经营制，通过与精益管理有机结合，在实践中不断地改进和完善，已经成为一个有效的经营管理体系。这是泉城大酒店在不断探讨和摸索自己的可持续发展之路上取得的一个重要成果。在过去的几年中，泉城大酒店精益小组经营的实施取得了良好的经济效果。表6-3是泉城大酒店2012~2016年的经营业绩情况。

表 6-3　　　　泉城大酒店 2012~2016 年的主要经营业绩指标　　单位：万元

年份	收入				成本				利润
	客房部	餐饮部	会议及其他	总计	客房	餐饮	工程及其他	总计	总计
2012	5004	4326	2349	11715	2335	4120	4160	10615	1100
2013	4710	4026	2235	10971	1890	3816	4215	9921	1050
2014	4509	3584	1552	9645	1520	2948	4021	8489	1156
2015	4161	4025	1384	9570	1118	3350	3890	8358	1212
2016	4505	3480	1993	9978	1480	2730	4163	8373	1605

资料来源：公司内部资料。

从表 6-3 可以看出，自 2012 年以来，在比较严峻的经营环境下，泉城大酒店的年营业收入依然力保维持在 1 亿元。更为重要的是，收入虽然没有显著地增加，但是成本每年都有较大幅度的下降，其结果就是利润年年稳步地增加。2016 年的净利润达到 1605 万元，与 2012 年相比净增 505 万元，增加了 45.9%。可见通过导入精益小组经营制，企业的盈利能力获得了巨大的提升。在顾客满意度方面，对近年来的顾客满意度调查结果的分析显示，顾客满意度每年都略有提升。另外，泉城大酒店还三次获得"山东饭店金星奖"以及"山东省服务名牌"称号，2015 年被评为山东省"管理创新先进单位"和山东创新智库服务基地，2016 年被评为第四届山东省管理创新先进单位。这些成果有力地证明了精益小组经营是一种有效的经营管理模式。也说明在过去几年中泉城大酒店对经营管理体系探索和实践是非常成功的。

第六节　精益小组经营在银座集团的推广应用

从 2014 年开始，精益小组经营模式在银座集团下属的济南佳悦酒店、济宁佳悦酒店、天津佳悦酒店等 12 家酒店中推广应用，取得了比较理想的效果。2015 年上述 12 家酒店全年实现收入 3.8 亿元，同比增长 1119 万元，其中 6 家自营酒店完成利润 1600 万元，同比增长 224 万元，增幅为 13%。下面简单介绍济宁佳悦酒店推行精益经营小组的具体做法和取得的成效。

济宁佳悦酒店（以下简称酒店）自开业以来，积极学习实践精益管理思想，使精益管理从具体生产管理方法上升为战略管理理念，取得了令人满意的成效。下面是酒店在近年来精益管理实践中总结出的几点好的经验和做法。

一是财务部导入一次数据公式链接，确保每日数据的准确率。财务部的岗位分为出纳、采购、仓管、收货、成本控制、收入审计、总账、财务经理。原来都是单人单岗，随着各岗位工作流程的不断完善，部门进行岗位合并。酒店筹开之初，财务岗位就按照三个人的编制，重新捋顺工作流程，由财务经理负责总账及日常工作的监管，收入审计和出纳肩负着出纳、采购、仓管、收货、成本控制、收入审计的工作。岗位合并后，原有的工作量不变，部门根据实际情况灵活处理，开业一年多以来，已经整理出了适用于本部门的工作流程。例如：财务部每日需要提报的很多表格，部门通过公式链接，将有联系的表格数据公式化，每天编辑一个表格，即可实现多个表格的编辑。不仅省时省力，而且极大地降低了数据的出错率。

二是及时调整当值时间，全心全意做好对客服务。随着"营改增"政策的出台和酒店出租率的日益提高，对酒店总台员工的考验也越来越严峻。早上 7：30 - 8：30 为客人集中退房的时间段，总台适时调整夜班当班时间，由原来的 22：30 - 7：30 调整为 23：00 - 8：00，增加了关键时间的当班力量。另外，客人到店办理入住时，总台员工提前索要客人开票信息，保存到开票系统中，也达到了缩短客人退房时间的目的。

三是确保物尽其用，不浪费每一粒原材料。厨房一直是原材料浪费的"重灾区"，酒店开业以来一直严把原材料进货，在保证正常经营的基础上，尽量减少库存。日常进货、验货过程中，严把质量关，坚决抵制以次充好的现象。厨房员工日常操作中，不浪费每一个下脚料，将菜花、西蓝花下脚料腌制成咸菜供员工餐食用；面点房利用巧克力蛋糕的下脚料做成的巧克力蛋挞，受到了客人的一致好评。经过厨房的共同努力，酒店的食品成本率控制在46%左右。

四是注重细节，即节约成本又提高服务质量。把餐饮包房客人遗留的饮料桶，回收清洗后并加以装饰，放在包间洗手间内当小装饰物。既能节约成本，又能增加房间的美观。由于长时间的使用，客房的枕头会慢慢压缩，柔软度降低，如果大范围更换需要较大的人力和物力。为了增加枕头舒适度，客房把三个枕头合成两个枕头，这样既能保证客人的入住体验，又能节约成本。酒店日常接待中，接待的政府会议较多，会议经常需要提供席签，会议服务人员有意识地将使用频率较高的席签回收保存，既省去每次重做的麻烦，又节约了相关成本。

银座集团具体负责推广精益小组经营的财务总监组织有关人员，将包括泉城大酒店和济宁佳悦酒店在内的集团下属酒店开展精益小组经营的一些好的做法和经验，总结成十大经典案例，作为集团内推广精益小组经营的标杆和样板。

银座集团将2016年确定为"精益小组经营推广年"，通过召开动员大会和邀请天津大学精益管理专家和大阪市立大学阿米巴经营专家来培训班授课，提高集团管理人员与全体员工对精益小组经营理念的认识。银座集团的酒店业、景区、旅行社等各个板块也都在从自身实际出发，以精益小组经营为抓手，对企业核心理念，包括人才理念、行为理念、服务理念、经营理念、管理理念、安全理念等进行提炼与整合。通过实践让阿米巴经营和精益管理理念融入企业行为、制度、管理的各个方面。期待精益小组经营制度能够在较短的时间内在银座集团的各个板块落地生根、开花结果。

第七章 稻盛经营哲学与阿米巴经营拯救日本航空重建[*]

第一节 日本航空的导入背景和稻盛参与经营的企业

一、日本航空的导入背景

日本航空(以下简称"日航")创建于1954年,随着日本经济的发展而持续成长,并于1980年成为世界上最大的航空公司。可是,之后由于散漫的经营,其经营情况开始持续恶化,于2010年1月19日申请适用公司重整法,日航是日本在"二战"后倒闭的负债额最高的日本公司。

日航的重建工作是以稻盛名誉会长为中心开始的。当时,稻盛名誉会长受到日本政府委托,无偿参与了日航的重建工作。在日航以稻盛经营哲学为基础,实践阿米巴经营,第1年就实现了扭亏为盈,并于2年8个月后的2012年9月19日重新上市。最终,在与政府约定的3年时间内完成了日航的重建工作。

---

[*] 本案例由京瓷阿米巴管理顾问(上海)有限公司的前任董事长大田嘉仁先生提供基础材料,经过佟成生和卜志强的多次建议和京瓷阿米巴管理顾问(上海)有限公司的同事修改后完成,在此表示感谢。

二、稻盛名誉会长参与经营的企业情况

京瓷名誉会长稻盛先生参与经营的企业有京瓷、第二电电、日航3家,这3家企业的经营情况如图7-1所示。数据均为2017年3月末的实际业绩,3家公司合计销售额为74598亿日元(折合人民币约为4378亿元),税前利润为11963亿日元(折合人民币约为702亿元),利润率为16.1%。

稻盛名誉会长参与经营的企业业绩
2017年度(2016财年结算:2016年4月~2017年3月)

稻盛名誉会长参与经营的企业的业绩

	销售额	税前利润
京瓷	14,227亿日元(约834亿元)	1,378亿日元(约80亿元)
KDDI	47,482亿日元(约2,786亿元)	8,958亿日元(约525亿元)
日航	12,889亿日元(约756亿元)	1,627亿日元(约95亿元)

3家企业合计
销售额　74,598亿日元(约4,378亿元)
税前利润　11,963亿日元(约702亿元)
利润率　　16%

(汇率20171011):1日元= 0.05869元
KYOCERA Amoeba Management Consulting (Shanghai) Co., Ltd.

图7-1　稻盛名誉会长参与经营的企业情况

其中,京瓷是零部件制造商,第二电电是通信运营商,日航是航空运营商,稻盛名誉会长参与经营的这3家企业的业务领域和行业种类都各不相同。但是,如果要归纳这3家企业取得良好业绩的共同原因的话,那就是以稻盛经营哲学为基础,实践了阿米巴经营。

一个人的一生能够做到创立完全不同领域的企业,并将企业发展壮大,又使一家大企业起死回生,即使是放眼世界的产业史,那也是很少见的。

三、盛和塾的成立

基于以上原因,当稻盛名誉会长得知有很多经营者希望学习他的经营哲学与经营手法时,就于 1983 年无偿设立了现在被称为"盛和塾"的经营塾。随着盛和塾规模的逐年扩大,现在全世界共有 96 个塾,塾生数约为 12084 名。仅在中国就有 30 个塾,其塾生数超过了 3500 名。①

第二节 稻盛经营哲学的基本概念

一、基本概念

稻盛经营哲学以"作为人,何谓正确?"为基础,以它作为判断标准来思考问题。这并非是仅自己认为是正确的就可以了,而要坚持无论谁都普遍认为这是正确的才行,必须要以此作为标准。稻盛名誉会长说正因为是依据这个判断标准为基础,全体员工耿直地持续努力,才实现了京瓷、第二电电,以及日航重建的成功。

二、稻盛经营哲学的由来

稻盛名誉会长 27 岁时,他希望让自己的精密陶瓷生产技术问世,所以在出资者的支援下,于 1959 年成立了京瓷公司。

京瓷成立之初,是只拥有 28 名员工的小公司。稻盛名誉会长在公司成立之前没有经营经验,也没有相关的经营知识。其次,亲友中也没

---

① 数据来源于稻盛和夫官方网站(http://www.kyocera.com.cn/inamori/)。全世界的数据统计截至 2017 年 9 月,中国的数据统计截至 2017 年 8 月。

有经营者。在这样的情况下，稻盛名誉会长作为一家企业的经营者，公司内的销售、研发、生产、人事等所有工作都必须由他自己来做判断。

但是，当时稻盛名誉会长不知道要以什么作为判断标准来经营，为此苦恼不已。经过再三思考后，稻盛名誉会长想：如果把"作为人，何谓正确？"作为判断标准的话，应该就不会发生重大失误了吧。所以最终他决定以此作为判断的标准。就如同从孩童时代起，父母和老师教导我们的，把作为人"什么是可以做的""什么是不可以做的"作为判断标准一样。

可能会有人认为这个经营判断标准太过于朴实，但是自创业以来，直至事业持续成长发展，无论如何成功，稻盛名誉会长始终没有改变过这个判断标准。稻盛经营哲学也是基于这个判断标准而归纳总结出来的，阿米巴经营同样也是以此为基础构思出来的。

稻盛名誉会长对此是这样说的："如果当时我有一些经营经验或知识的话，我应该就会把赚不赚钱、利益得失等作为判断的标准了。另外，相比拼命工作，我可能会学会巧妙地妥协、事前做好疏通工作等等这些技巧，也许我会让自己能轻松一点儿就是一点儿吧。但是，如果一直抱着这种态度持续经营的话，一定不会有现在的京瓷。正是因为我没有经营方面的经验和知识，我才会把'作为人，何谓正确？'作为判断标准开展企业经营。从结果来看，那就是京瓷成长发展的基础。"

"作为人，何谓正确？"是父母和小学老师所教导我们的极为朴实的道德理念。简单地说，就是"要正直""要有勇气""不欺凌弱者""要拼命工作""要助人为乐"等类似这些内容。也就是，公平、公正、正义、勇气、诚实、忍耐、努力、亲切、体贴、谦虚、博爱。

三、人生方程式

"人生方程式"即"作为人应有的正确的思维方式"。这个方程式为："人生·工作的结果＝思维方式×热情×能力"。稻盛名誉会长说过人生和工作的结果取决于该人生方程式（如图 7-2 所示）。

稻盛经营哲学　KAMC

人生方程式

人生·工作的结果
　　＝思维方式×热情×能力

· 能　　力　＝０分～１００分
· 热　　情　＝０分～１００分
· 思维方式　＝－１００分～＋１００分

（示例）
能力９０分×热情３０分＝２７００分
能力６０分×热情９０分＝５４００分

如果思维方式的得分为负值，那么计算结果就为负值！

图 7-2　人生方程式

在这个方程式所显示的三个要素当中，"能力"或许是先天性的，如果用分数来表示的话，可以记为从 0～100 分。在"能力"上乘以"热情"要素。"热情"也可以称为"努力"。从没有干劲、没有雄心、没有活力的懒汉，到对工作和人生充满燃烧般的热忱、拼命努力的人，都可以从 0～100 分来表示。但是，这里所说的"热情"是可以由自己的意志来决定的。

比如，一个天资聪颖、优秀的人，"能力"可打 90 分，但这个人过分自信而不肯努力，其"热情"只有 30 分。于是，90 分的"能力"乘上 30 分的"热情"，此人的分数就只有 2700 分。

另一个人认为，"自己只略胜于普通人，能力只不过 60 分，但正因为没有突出的才能，所以才必须拼命努力"，于是他燃起热情，激励自己发奋努力，其"热情"为 90 分。于是，60 分的"能力"乘上 90 分的"热情"，其结果则是 5400 分。也就是说，即使是只具备普通能力的人，只要他发奋努力，也有可能取得有能力的人的双倍的结果。

在上述"能力"和"热情"的乘积之上，需要再乘上"思维方式"。与"能力"和"热情"不同，"思维方式"则有从负100到正100分这么大的幅度。因此，在这个人生方程式中，"思维方式"是最为重要的。

厌恶社会、嫉妒别人、牢骚满腹、逃避责任、常找借口、否定积极向上的生活方式，诸如此类的想法都是负面的思维方式。一个持有这种负面思维方式的人，"能力"越强，"热情"越高，其人生和工作的结果反而越发糟糕。比如，那些进行盗窃或诈骗的人就是属于这种类型。所以，拥有正确的"思维方式"是非常重要的。

四、经营理念

正如重视作为人所应有的正确思维方式，稻盛名誉会长所定义的京瓷的经营目的为"追求全体员工物质与精神两方面幸福的同时，为人类和社会的进步与发展作出贡献"。对于一般企业而言，重要的是重视客户，而在上市后，重视持有公司股份的股东就变得尤为重要了。但是，稻盛名誉会长并非如此，他一贯坚持把全体员工放在首位，并将此作为经营目的。这个经营目的在京瓷上市后也没有改变，第二电电和日航基本上也如同京瓷一般。

把全体员工放在首位的理由很简单。如果经营者没有以"追求全体员工物质与精神两方面的幸福"为目标的话，那么公司的员工就不会在工作中生气勃勃、充分地发挥自己的能力，也就不可能给客户提供完美的产品和服务了。那么，这样的企业自然也就给不了股东满意的回报。

员工不会为素不相识的股东而拼命地工作。相反，会为了自己的幸福而竭尽全力地工作。这点与"追求全体员工物质与精神两方面的幸福"这一经营目的相吻合。

这里说到的"追求全体员工物质与精神两方面幸福"的经营目的和

前面所介绍过的"作为人应有的正确的思维方式"都与后文说明的阿米巴经营有着密切的关联。

第三节 阿米巴经营

一、基本概念

阿米巴经营的基本概念，就是在中国已出版的稻盛书籍《稻盛和夫阿米巴经营》[①]的副标题中所写的"人人都是经营的主角"。稻盛名誉会长经常说，实现人人都是经营主角的经营，即实现全体员工参与经营，这才是经营的要诀，为了实现这一点，哲学和阿米巴经营，都是不可或缺的。

二、阿米巴经营诞生史

稻盛名誉会长构思阿米巴经营的动机是在创立京瓷后，在公司规模逐渐扩大的过程中，他意识到仅凭他一个人已无法兼顾管理整个公司的经营，于是他开始思考培养如同自己的分身般的共同经营者。

于是，稻盛名誉会长将组织划分成一般人也能够经营的小组织，然后在各小组织中任命一名负责人，让其能够直接与客户进行交易一样。这是因为稻盛名誉会长认为这样做也能够培养出负责人。其次，还建立了各组织之间可以相互买卖自己部门所生产的产品的公司内部买卖制度。甚至，还设计了谁都能看懂的部门独立核算表，其结果是使全体员工能及时地掌握自己部门的经营情况。最后，根据业绩，组织能灵活地

[①] 《稻盛和夫阿米巴经营——人人都是经营的主角》，中国大百科全书出版社2016年版。

进行合并或拆分。

但是，细分组织后，再分别任命组织负责人的话，也会出现自以为是的小头头的情况，这样公司也会面临军心不齐的风险。因此，需要拥有无论谁都能够接受的光明正大的经营目的，即要制定经营理念。与此同时，该经营理念要体现出被大家普遍都认为是正确的价值观，并要努力与全体员工共享。

以这个想法为基础，稻盛名誉会长通过再三思量、不断改进，这才构建了现在的阿米巴经营。其结果是，阿米巴经营也体现出了稻盛名誉会长认为经营应有的理想状态。

三、阿米巴经营的导入流程

促使日航重建成功并持续运用的就是京瓷哲学与其具化而生的经营体系——阿米巴经营。

京瓷所提供的阿米巴经营咨询项目的进程安排主要分为三个阶段（与日航的阿米巴经营导入进程相同）。

1. 第一阶段：调查分析篇。实施员工访谈，以把握导入阿米巴经营时的必要课题。与此同时，召开以干部与部门负责人为对象的"哲学学习会""会计七原则学习会"等。主要包括以下内容：

（1）经营高层访谈。

（2）各部门负责人访谈。

（3）调查、分析以及把握课题。

2. 第二阶段：体系构建篇。构建能提高全体员工核算意识的机制、制定阿米巴经营的运用规则。主要包括以下内容：

（1）划分组织、确立核算部门与非核算部门。

（2）确立阿米巴核算表模板。

（3）制定阿米巴核算规则。

（4）导入阿米巴核算系统。

3. 第三阶段：运用指导篇。运用指导篇的目标是以确立实践以哲学为基础的阿米巴经营时所必要的经营管理体制。主要包括以下内容：

(1) 基础研修（哲学、阿米巴经营概要等）。

(2) 指导活用阿米巴核算表。

(3) 指导召开阿米巴经营会议、解决经营课题。

以上三个阶段的实施期间为 5~10 个月，根据企业规模与客户需要，实施内容与时间会有所不同。当然，无论是阿米巴经营，还是咨询流程，都是基本的形式。根据行业种类或行业形态的不同，都需要提供最合适于该公司的内容。

第四节 日本航空（JAL）的重建

一、重建过程的概要

日航创建于 1954 年，随着日本经济的发展而持续成长，并于 1980 年成为世界上最大的航空公司。可是，之后由于散漫的经营，其经营情况开始持续恶化，于 2010 年 1 月 19 日申请适用公司重整法，日航是日本在"二战"后倒闭的负债额最高的日本公司。其负债约 1490 亿元。

当时，虽然对外公布了由稻盛名誉会长接任董事长一职，但是当时媒体的评论非常严厉，可以看出，媒体根本就没有预测到日航的重建能够成功。

同一时期，破产管理人发表了重建计划，其中包括：缩减 40% 的航线、出售全部大型飞机、减少 16000 名员工、削减 20%~30% 的工资等非常严酷的削减计划。此外，营业利润的目标则非常高，第 1 年约为 42 亿元，第 2 年约为 49 亿元。媒体对这些目标能否实现持怀疑的态度，因此才会出现这么严厉的批判。

在这种情况下，稻盛名誉会长正式接任董事长的理由与其大义名分有以下三点：

（1）日航重建的成功能给日本经济带来良好的影响；
（2）能保住留在日航的员工的工作岗位；
（3）能维持航空业健全的竞争环境。

稻盛名誉会长告诉全体员工，自己就任日航董事长时的想法和大义名分，以及"经营的目的就是追求全体员工物质与精神两方面的幸福。自己是航空业的门外汉，但是希望在日航实施以自己的经营哲学为基础的意识改革，并导入阿米巴经营。如果这样做的话，重建是可以取得成功的"。

稻盛名誉会长当时年事已高，无法将所有精力都投入到日航的重建工作中，所以他自己要求免薪。包括本人在内，京瓷一共有 3 名人员参与了日航的重建工作。

日航的重建工作就这样以稻盛名誉会长为中心开始了。

首先，以前述的重建计划为基础，彻底实施了组织架构改革。与此同时，实施了以稻盛经营哲学为基础的意识改革。随后，又实施了以阿米巴经营为基础的经营改革以及进一步的公司内部制度改革。

最后的结果是，第 1 年的营业利润约为 122 亿元，第 2 年的营业利润超过了 130 亿元，2 年 8 个月后的 2012 年 9 月 19 日重新上市。通过重新上市，将企业再生支援机构出资的国有资金约 227 亿元返还给了国库，并且还多缴纳了约 194 亿元，为国家财政作出了一些贡献。

此外，当时日航所申请适用的公司重整法当然是一般的公司重整法，并非是万能的。实际上，从 1962 年以来，在日本适用公司重整法的公司有 139 家，其中有 24 家遭遇了再次破产，最后重建成功的企业只有 9 家，而且所花时间最短的也要将近 7 年。因此，日航大大超出了媒体和经济评论家的预测，在短期内奇迹般地复活了。

在与政府约定的 3 年内完成了日航的重建工作后，稻盛名誉会长于 2013 年 3 月辞去了日航董事长一职。大田嘉仁也在同一时期离开了日航。

二、干部教育

大田嘉仁于 2010 年 2 月去日航赴任，最初所感受到的是日航里有很多没有自觉性的干部。经营企业最重要的是，经营干部要让受人尊敬的领头人来担任。尤其是在阿米巴经营中，阿米巴负责人所要承担的责任很大，因此必须要培养优秀的干部。之后，在大田嘉仁赴任 3 个月后的 6 月，召集了包括社长在内的约 50 名经营干部，实施了为期 1 个月的干部领导力培训。每周 4 次，共 17 次，彻底地进行了培训教育。

但是，干部领导力培训的课程内容非常多，所以当时日航的很多人对该培训课程持反对意见。

当时还在征集有意向离职的员工。由于正在制定重建方案，高层干部都非常忙。大田认为如果没有优秀的领导干部，那么即便有再好的重建计划，那也是没有意义的。所以，大田强硬地按最初所制定的计划开展了干部领导力培训。

这次干部领导力培训，以实践阿米巴经营时最为重要的管理会计基础"会计七原则"[①] 的培训作为开始，具体包括：

① 现金流经营原则。
② 一一对应的原则。
③ 筋肉坚实经营的原则。
④ 完美主义的原则。
⑤ 双重确认的原则。
⑥ 提高核算效益的原则。
⑦ 玻璃般透明经营的原则。

其次让日航干部们围绕稻盛名誉会长的经营要诀"稻盛经营 12 条"

---

① 《稻盛和夫的实学：经营与会计》，东方出版社 2013 年版。

开展学习。"经营12条"如下所示：

第1条　明确事业的目的与意义。

第2条　设定具体目标。

第3条　胸中怀有强烈愿望。

第4条　付出不亚于任何人的努力。

第5条　追求销售额最大化和费用最小化。

第6条　定价即经营。

第7条　经营取决于坚强的意志。

第8条　燃烧的斗魂。

第9条　拿出勇气做事。

第10条　不断从事创造性的工作。

第11条　以关怀坦诚之心待人。

第12条　始终保持乐观向上的心态，抱着梦想和希望，以坦诚之心处世。

当时培训还特别委托了稻盛名誉会长亲自授课，每周1次，共计5次的课程，并且也邀请稻盛名誉会长出席了课后的聚餐会。

干部领导力培训起初氛围沉闷，但随着课程的进行，干部们的意识也发生了改变。终于听到干部说，"稻盛名誉会长的话很有魄力，很有说服力""如果早点接受这样的教育培训，那么日航就不会破产了"。干部们通过接受了1个月的严格的教育培训后，形成了超越部门的强烈的一体感。

公司其他干部看到了参加过培训的干部们作为领导的巨大成长和变化，希望自己也能参加学习的干部员工越来越多。在他们的要求下，扩大了学习对象的范围，3000名以上的管理职的员工也参加了同样的干部领导力培训，成长为优秀的干部。另外，现在还有400名的经营干部每个月从全国各地汇集到日航总部参加领导干部学习会。

此外，当初计划在干部领导力培训实施之后，立刻导入阿米巴经营。但是，在此之前，新信息系统的构建等需要花费相当长的时间。因此，决定先尽快导入作为阿米巴经营基础的部门独立核算制度。具体做法是，从7月起每个月召开业绩报告会，各事业总部与其下属公司的干部近100人出席并汇报当月实绩及次月预定①。

三、业绩报告会

在业绩报告会上，大田也从稻盛名誉会长那里学到了很多东西。下文介绍若干具有代表性的内容。

根据稻盛名誉会长的指示，刚开始时业绩报告会连续开3天，非常辛苦。

该会议资料的最终模板花了1年以上的时间确定。这是因为每次开会的时候稻盛名誉会长都会指出不足之处，例如，"这个模板不易理解、下个月做资料时请做修改"等等。同时，稻盛名誉会长还向大家进行了说明，"上个月我感觉这样做最好，但现在看来还需要修改。可能大家会对这样频繁的修改感到奇怪，但是希望大家理解这是一个逐渐完善的过程。希望大家能够作出完美的会议资料"。

在业绩报告会上，由于稻盛名誉会长不是航空业的专业人士，因此不太对日常的管理等提出质疑。但是，对那些从大量资料中一眼就能发现的异常值，稻盛名誉会长就会询问其理由。不仅局限于金额较大的科目，也包括一些关于水费或差旅交通费的问题。对稻盛名誉会长指出的质疑，各位本部长和下属公司的社长们有时难以回答，就向下属寻求答案，但都被稻盛名誉会长制止了。因为无论多细节的数字，作为领导人却应该要理解。因此，本部长和下属公司的社长们都开始在业绩报告会前彻底了解自己部门的经营数字。这样就培养了具有强烈数字意识的阿米巴负责人。

---

① 这里的"预定"是由京瓷公司定义的术语，指的是包含着阿米巴负责人的一定要达成的强烈意志的月度数值计划。这不单纯是计划，而可以说成是"commitment"（承诺）。

通过开展干部领导力培训和业绩报告会等，一定程度上促进了干部的成长。但是，仅靠这些还不足以使阿米巴经营正常运转。为了实现全体员工参与经营，大家的一体感不可欠缺。这正如本文开篇所述，需要让全体员工共享价值观。因此，就需要以日航的全体员工为对象，实施意识改革。

四、意识改革

事实上，无论是怎样的组织，想出成果就要确定同一个目标，这其中互相协作的一体感是不可或缺的。特别是导入阿米巴经营时，因为部门间的竞争会变得激烈，因此培养公司整体的一体感尤为重要。可是，笔者刚到日航上任时，日航的官僚主义氛围非常强烈，部门之间就如同隔着一堵厚厚的墙。

究其原因，可能读者认为是由于划分了精英职员和一般职员的官僚性人事制度。但是，还有其他更根本的原因存在。那就是，日航没有明确的经营目的，也没有全体员工应共有的价值观。因此，无论在形式上采取怎样的措施，都不能使包括干部员工在内的全体员工团结一心。

在此判断下，笔者虽认为为时尚早，但仍开始着手准备制定能使全体员工共享的价值观"日航哲学"。在笔者的参与下，最终于2010年底完成了"日航哲学"，并派发到了每位员工的手里。

日航哲学内容包括：第1部为"为了度过美好的人生"，其中第1章为上文提及的"成功方程式"，第2章为"具备正确的思维方式"，第3章为"怀抱热情、踏实努力、持之以恒"，第4章为"能力一定会进步"。

第2部为"为了创建一个杰出的日航"，第1章为"每个人都是日航"，第2章为"提高核算意识"，第3章为"齐心协力"，第4章为"燃起团队的斗志"，第5章为"不断创新"。

从2011年的4月开始，以全体员工为对象，使用《日航哲学》开展了哲学教育。当时最大的顾虑是，如果不覆盖日航所有员工，不对他们开展同样的教育，那么现场就很难形成真正的一体感。

但是，到目前为止的员工培训几乎都以正式员工为对象开展，当然不会提高现场的临时工等的工作热情，自然更无法在工作现场萌生真正的一体感。最终无法提升对客户的服务水平。

因此，当时开始实施的每年4次的哲学教育，与新入职员工或高级干部等的职位无关，也与飞行员或维护人员等岗位无关，甚至与正式员工或是以日航名义工作的供应商的员工等雇佣形式无关，而是以全体员工为培训对象。

这样覆盖日航所有员工的培训取得了超出想象的效果。派遣员工和合同工第一次和正式员工一起坐在同一个教室里接受哲学教育，并在日航的哲学手册中找到了"每个人都是日航的一员"的语句，由此意识到了"我也是日航的重要的一员，必须为重建日航而一起努力"。而维护人员、飞行员和客舱乘务员等也第一次与其他部门的员工沟通。以哲学这一共同价值观为基础，员工相互理解了彼此的辛劳，也萌生了一体感。

五、公司内部制度

在实施了以培养干部为目的的干部教育、为导入阿米巴做准备的业绩报告会，以及全体员工的意识改革后，当时，感到同样有必要进行改革的还有公司内部制度。无论实施了多好的哲学教育，如果公司的内部制度与哲学背道而驰，那么谁都会感觉到其中的矛盾，从而对哲学产生质疑。实际上，当时日航的公司内部制度与哲学背道而驰的情况不在少数。因此，对会计制度、人事制度、采购制度、审批制度等多项公司内部制度进行了改革。改革后，哲学和阿米巴经营的渗透都变得更加顺利了。

另外，于2010年底，以前文提及的"追求全体员工物质与精神两方面幸福"的稻盛经营哲学为基础，经过与日航干部的多次激烈讨论，最终决定了日航新的经营理念。

就这样，在学习了干部应有的姿态、培养了具有强烈数字意识的干部，并与全体员工共享哲学之后，从2011年4月起正式启动了阿米巴经营的导入。

六、重建的结果

重建的结果如图7-3所示，日航一举成为世界上收益最高的航空公司。

图7-3 日航重建的结果

值得一提的是，重建期间日航的物理环境没有发生任何变化。飞机还是原来的旧飞机，与拥有较多新型飞机的其他公司相比，差距仍很大；IT系统也没有更新，许多工作仍需要手工操作；员工的待遇也由于公司倒闭而大幅降低，与其他公司相比，薪资水平也下降了不少。更甚至，由于许多员工离职，每个人的工作负担也大幅增加。总的来说，工作环境并不优越。

虽然日航周围的物理环境和倒闭时没有什么变化,但仍然在短期内完成了重建工作。

日航奇迹般的重建归功于彻底的架构改革、以稻盛经营哲学为基础的意识改革、通过导入阿米巴经营进行的经营改革,以及公司内部的制度改革。当然,也与稻盛名誉会长卓越的领导力密不可分。这4项改革内容中,最为重要的是以稻盛经营哲学为基础的意识改革。如果没有意识改革,不仅不能点燃员工心中的热情,反而可能因为实施包含大幅减薪在内的严厉架构改革等,使员工变得慌乱,从而失去动力。那么日航的重建就如同其他申请了重建计划的多数企业一样,也会面临较高的失败可能。

附　　录

广东东鹏控股股份有限公司组织架构

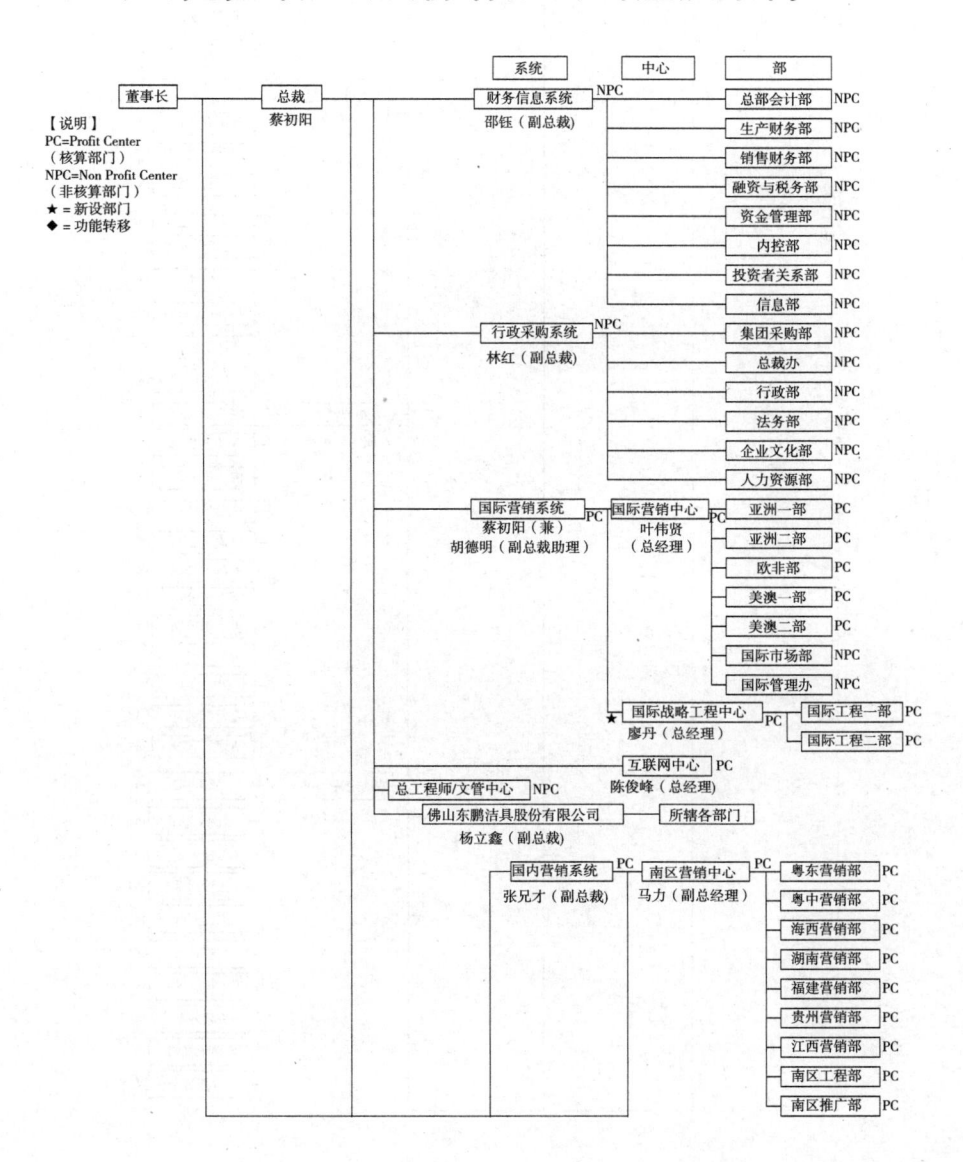

【说明】
PC=Profit Center（核算部门）
NPC=Non Profit Center（非核算部门）
★ = 新设部门
◆ = 功能转移

层级	系统	中心	部	类型
董事长 — 总裁 蔡初阳	财务信息系统 邵钰（副总裁） NPC		总部会计部	NPC
			生产财务部	NPC
			销售财务部	NPC
			融资与税务部	NPC
			资金管理部	NPC
			内控部	NPC
			投资者关系部	NPC
			信息部	NPC
	行政采购系统 林红（副总裁） NPC		集团采购部	NPC
			总裁办	NPC
			行政部	NPC
			法务部	NPC
			企业文化部	NPC
			人力资源部	NPC
	国际营销系统 蔡初阳（兼） 胡德明（副总裁助理）	国际营销中心 叶伟贤（总经理） PC	亚洲一部	PC
			亚洲二部	PC
			欧非部	PC
			美澳一部	PC
			美澳二部	PC
			国际市场部	NPC
			国际管理办	NPC
		★国际战略工程中心 廖丹（总经理） PC	国际工程一部	PC
			国际工程二部	PC
	总工程师/文管中心 NPC	互联网中心 陈俊峰（总经理） PC		
	佛山东鹏洁具股份有限公司 杨立鑫（副总裁）	所辖各部门		
	国内营销系统 张兄才（副总裁） PC	南区营销中心 马力（副总经理） PC	粤东营销部	PC
			粤中营销部	PC
			海西营销部	PC
			湖南营销部	PC
			福建营销部	PC
			贵州营销部	PC
			江西营销部	PC
			南区工程部	PC
			南区推广部	PC

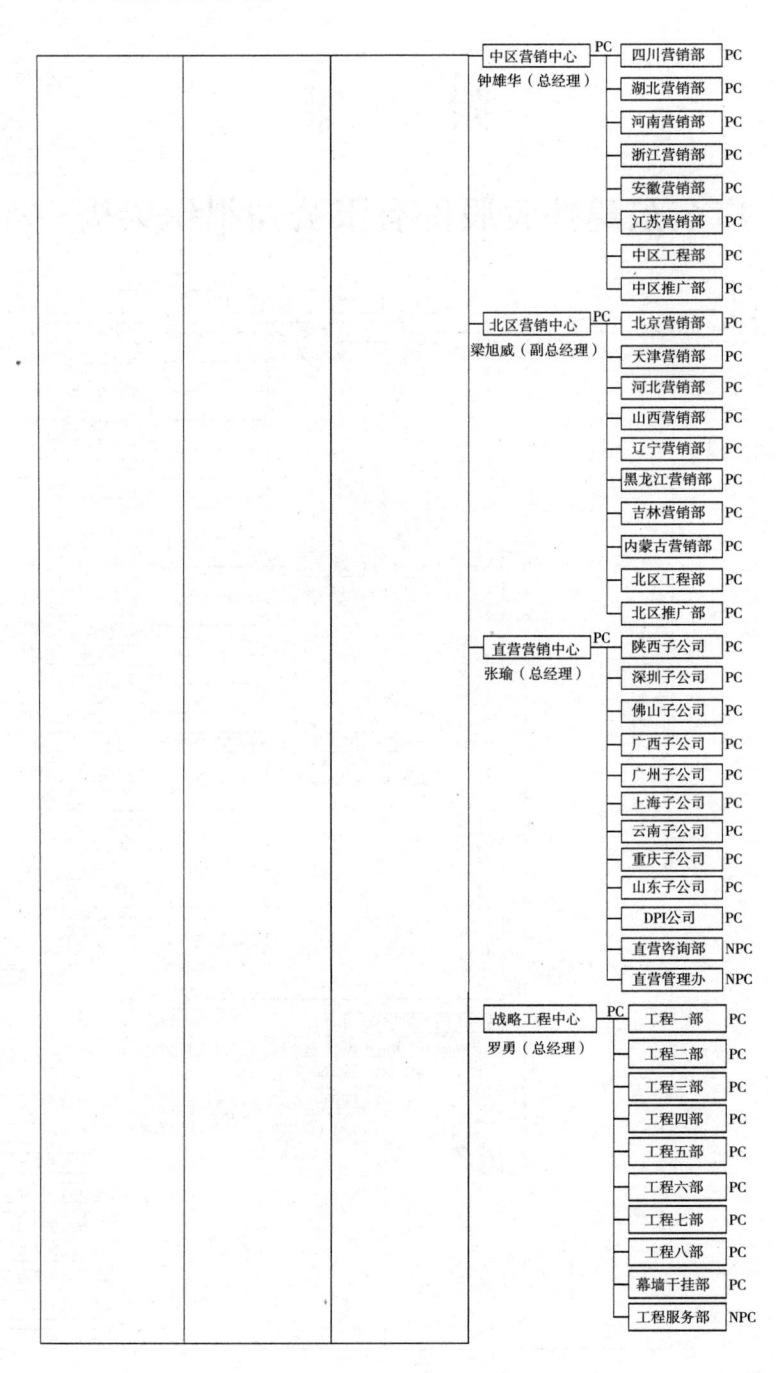

中区营销中心 钟雄华（总经理）	PC	四川营销部	PC
		湖北营销部	PC
		河南营销部	PC
		浙江营销部	PC
		安徽营销部	PC
		江苏营销部	PC
		中区工程部	PC
		中区推广部	PC
北区营销中心 梁旭威（副总经理）	PC	北京营销部	PC
		天津营销部	PC
		河北营销部	PC
		山西营销部	PC
		辽宁营销部	PC
		黑龙江营销部	PC
		吉林营销部	PC
		内蒙古营销部	PC
		北区工程部	PC
		北区推广部	PC
直营营销中心 张瑜（总经理）	PC	陕西子公司	PC
		深圳子公司	PC
		佛山子公司	PC
		广西子公司	PC
		广州子公司	PC
		上海子公司	PC
		云南子公司	PC
		重庆子公司	PC
		山东子公司	PC
		DPI公司	PC
		直营咨询部	NPC
		直营管理办	NPC
战略工程中心 罗勇（总经理）	PC	工程一部	PC
		工程二部	PC
		工程三部	PC
		工程四部	PC
		工程五部	PC
		工程六部	PC
		工程七部	PC
		工程八部	PC
		幕墙干挂部	PC
		工程服务部	NPC

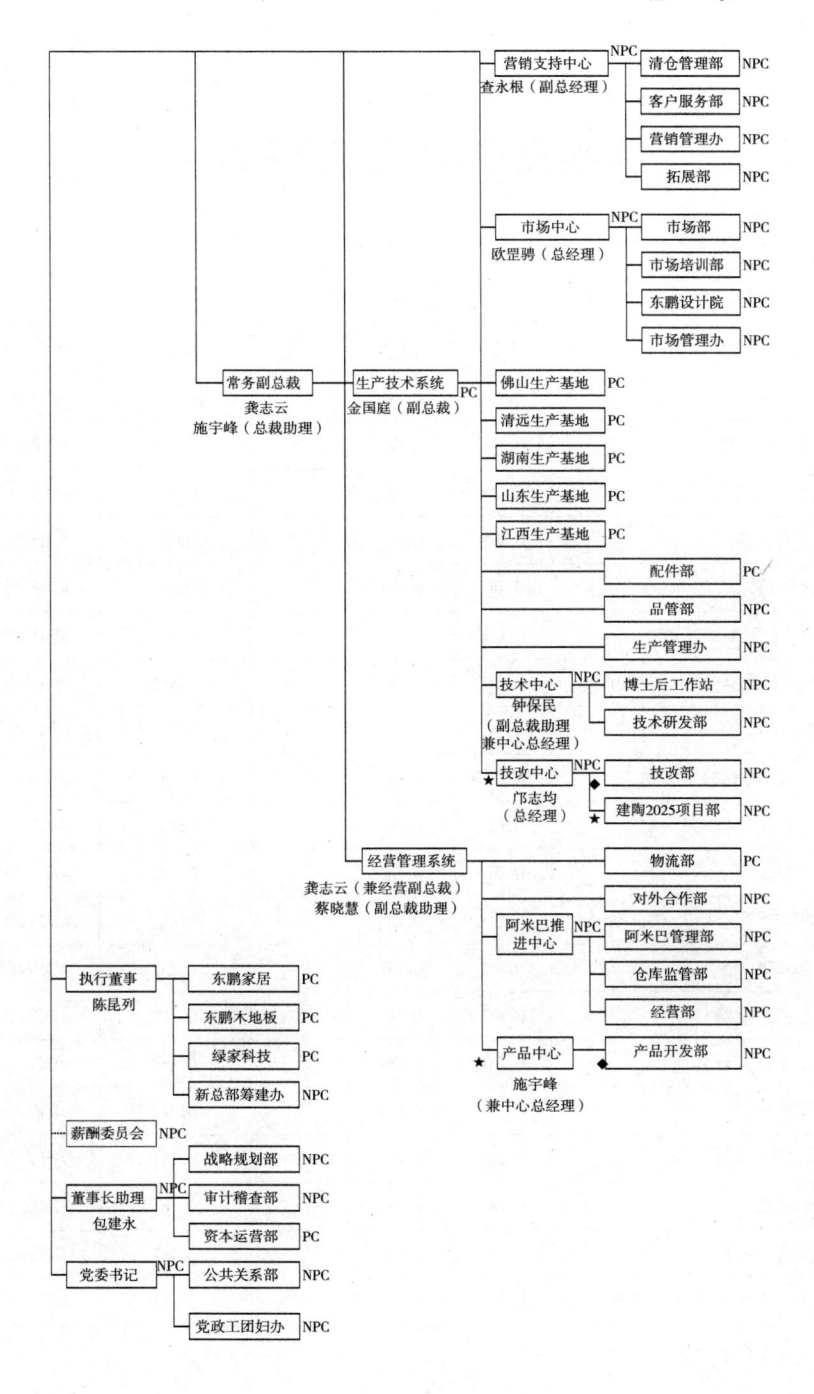

附 录

组织架构图

执行董事 陈昆列
- 东鹏家居 PC
- 东鹏木地板 PC
- 绿家科技 PC
- 新总部筹建办 NPC

薪酬委员会 NPC

董事长助理 包建永
- 战略规划部 NPC
- 审计稽查部 NPC
- 资本运营部 PC

党委书记 NPC
- 公共关系部 NPC
- 党政工团妇办 NPC

常务副总裁 龚志云　施宇峰（总裁助理）

生产技术系统　金国庭（副总裁）PC

营销支持中心　查永根（副总经理）
- 清仓管理部 NPC
- 客户服务部 NPC
- 营销管理办 NPC
- 拓展部 NPC

市场中心　欧罡骋（总经理）NPC
- 市场部 NPC
- 市场培训部 NPC
- 东鹏设计院 NPC
- 市场管理办 NPC

- 佛山生产基地 PC
- 清远生产基地 PC
- 湖南生产基地 PC
- 山东生产基地 PC
- 江西生产基地 PC

- 配件部 PC
- 品管部 NPC
- 生产管理办 NPC

技术中心　钟保民（副总裁助理兼中心总经理）NPC
- 博士后工作站 NPC
- 技术研发部 NPC

技改中心　邝志均（总经理）NPC
- 技改部 NPC
- 建陶2025项目部 NPC

经营管理系统　龚志云（兼经营副总裁）　蔡晓慧（副总裁助理）

- 物流部 PC
- 对外合作部 NPC

阿米巴推进中心
- 阿米巴管理部 NPC
- 仓库监管部 NPC
- 经营部 NPC

产品中心　施宇峰（兼中心总经理）
- 产品开发部 NPC

东鹏瓷砖预定实绩核算表

组织：101040302　　××部门

科　目	MP	预定	实绩	（预定－MP）	（预定/MP）
订单额	0.00	0.00		0.00	#DIV/0!
含税总销售额	0.00	0.00		0.00	#DIV/0!
含税非工程	0.00	0.00		0.00	#DIV/0!
含税工程	0.00	0.00		0.00	#DIV/0!
不含税总销售额（1+2）	0.00	0.00		0.00	#DIV/0!
1）不含税非工程	0.00	0.00		0.00	#DIV/0!
2）不含税工程	0.00	0.00		0.00	#DIV/0!
3）销售成本（非工程）	0.00	0.00		0.00	#DIV/0!
4）销售成本（工程）	0.00	0.00		0.00	#DIV/0!
总毛利（1+2－3－4）	0.00	0.00		0.00	#DIV/0!
费用合计	0.00	0.00		0.00	#DIV/0!
职工教育经费及培训费	0.00	0.00		0.00	#DIV/0!
招聘费					#DIV/0!
交通差旅费	0.00	0.00		0.00	#DIV/0!
差旅食宿及其他	0.00	0.00		0.00	#DIV/0!
出差补贴					#DIV/0!
业务招待费	0.00	0.00		0.00	#DIV/0!
通讯费	0.00	0.00		0.00	#DIV/0!
折旧摊销费	0.00	0.00		0.00	#DIV/0!
经营性租赁费及物业管理费	0.00			0.00	#DIV/0!

续表

科　目	MP	预定	实绩	(预定-MP)	(预定/MP)
修理费	0.00	0.00		0.00	#DIV/0!
保险费	0.00	0.00		0.00	#DIV/0!
宣传品费	0.00	0.00		0.00	#DIV/0!
展览费	0.00	0.00		0.00	#DIV/0!
广告费	0.00	0.00		0.00	#DIV/0!
促销费	0.00	0.00		0.00	#DIV/0!
其他公共关系费	0.00	0.00		0.00	#DIV/0!
物流配送费	0.00	0.00		0.00	#DIV/0!
出口费	0.00	0.00		0.00	#DIV/0!
研发费	0.00	0.00		0.00	#DIV/0!
坏账	0.00	0.00		0.00	#DIV/0!
存货跌价	0.00	0.00		0.00	#DIV/0!
存货盘盈盘亏	0.00	0.00		0.00	#DIV/0!
产品质量赔偿费	0.00	0.00		0.00	#DIV/0!
中介服务费	0.00	0.00		0.00	#DIV/0!
环境管理费	0.00	0.00		0.00	#DIV/0!
办公/低值消耗品费	0.00	0.00		0.00	#DIV/0!
汽油费	0.00	0.00		0.00	#DIV/0!
水费	0.00	0.00		0.00	#DIV/0!
电费	0.00	0.00		0.00	#DIV/0!
包装物及包装材料	0.00	0.00		0.00	#DIV/0!
托盘	0.00	0.00		0.00	#DIV/0!
会议费	0.00	0.00		0.00	#DIV/0!
样品	0.00	0.00		0.00	#DIV/0!

续表

科　目	MP	预定	实绩	（预定－MP）	（预定/MP）
售后服务费	0.00	0.00		0.00	#DIV/0！
超市费用费	0.00	0.00		0.00	#DIV/0！
其他费用	0.00	0.00		0.00	#DIV/0！
财务费用	0.00	0.00		0.00	#DIV/0！
税金	0.00	0.00		0.00	#DIV/0！
其他收入及支出	0.00	0.00		0.00	#DIV/0！
公司内部利息	0.00	0.00		0.00	#DIV/0！
部门公共费用分摊	0.00	0.00		0.00	#DIV/0！
公司公共费用征收	0.00	0.00		0.00	#DIV/0！
结算收益	0.00	0.00		0.00	#DIV/0！
结算收益占比	0.00	#DIV/0！		#DIV/0！	#DIV/0！
总时间	0.00	0.00		0.00	#DIV/0！
正常	0.00	0.00		0.00	#DIV/0！
加班	0.00	0.00		0.00	#DIV/0！
转移	0.00	0.00		0.00	#DIV/0！
分摊	0.00	0.00		0.00	#DIV/0！
单位时间附加值	0.00	#DIV/0！		#DIV/0！	#DIV/0！
人均销售额	0.00	#DIV/0！		#DIV/0！	#DIV/0！
人员	0.00	0.00		0.00	#DIV/0！
人工费	0.00	0.00		0.00	#DIV/0！
（生产基地）产品库存余额	0.00	0.00		0.00	#DIV/0！
（区域/子公司）产品库存余额	0.00	0.00	0.00		

注：（1）MP为年度预算分解到当月的目标，预定为各部门根据市场实际，对月度预算作出的当月调整计划；

（2）各阿米巴长只需填写本表中的预定数据，并务必在实际工作中带领导团队努力实现公司的年度预算目标。

东鹏瓷砖 7 月任务单

部门：　　　　　　　　　　　　　　　填表人：　　　　　　　　　　　月份：

	目标值	序号	支持目标值的相关举措	影响核算表的哪个科目/影响金额	负责人	完成时间	完成情况说明	完成/未完成
销售额（最大）	PC 请在此处填写销售额（或产值）目标 NPC 无须填写	1	PC 在此填写销售（或产值）最大化的举措 如：如拜访未开拓区域 10 个客户 如：与销售部门沟通，争取菜单产品订单金额提升，增加产量	如：不含税销售额/200W 如：总出货/200W				
		2	NPC 在此填写重点工作项					
		3						
		4						
		5						
		6						

续表

6月

目标值	序号	支持目标值的相关举措	影响核算表的哪个科目/影响金额	负责人	完成时间	完成情况说明	完成/未完成
经费（最少）请在此处填写经费用目标	1	在此填写使经费最小化的相关工作项					
	2						
	3						
	4						
	5						
	6						
时间（最短）请在此处填写总时间目标（提高效率）	1	在此填写使时间最短的相关工作项，如流程优化等					
	2						
	3						
需其他部门协助事项	1	—					
	2						
	3						

续表

7月

目标值	序号	支持目标值的相关举措	影响核算表的哪个科目/影响金额	负责人	完成时间	完成情况说明	完成/未完成
销售额（最大）PC 请在此处填写销售额（或产值）目标 NPC 无须填写	1	PC 在此填写销售（或产值）最大化的举措 如：拜访未开拓区域 10 个客户	如：不含税销售额/200W				
		如：与销售部门沟通，争取菜单产品订单金额提升，增加产量	如：总出货/200W				
	2	NPC 在此填写重点工作项					
	3						
	4						
	5						
	6						

续表

目标值		序号	支持目标值的相关举措	影响核算表的哪个科目/影响金额	负责人	完成时间	完成情况说明	完成/未完成
				7月				
经费（最少）	请在此处填写费用目标	1	在此填写使经费最小化的相关工作项					
		2						
		3						
		4						
		5						
		6						
时间（最短）（提高效率）	请在此处填写总时间目标	1	在此填写使时间最短的相关工作项，如流程优化等					
		2						
		3						
需其他部门协助事项	—	1						
		2						
		3						

后　记

　　近年来，国内实务界掀起了引入阿米巴经营的热潮，经过几年的跟踪调查和研究，我们发现其中泛用者有之，误用者有之，而真正成功者却不多，为什么会出现这种状况？因为很多企业对阿米巴经营的理解源自稻盛和夫先生的系列著作，在这些著作中，绝大部分内容是关于经营哲学和经营理念方面，而阿米巴实务操作方面的书籍寥寥无几。企业管理者往往根据稻盛和夫先生对阿米巴的定义"经营公司不是只靠一部分的领导，而是让所有的员工都参与经营的想法下，尽可能地把公司分割成各个细小的组织，并通俗易懂地公布各个部门的业绩来促进全体员工参与经营"，就认为自己的企业具备应用阿米巴经营的基础。比如企业尤其是国有企业强调员工是公司的主人，要求员工要有集体主义精神，关心企业发展，很多企业也在进行班组核算等等。我们发现这些企业对阿米巴经营的理解只是浮于表面，没有抓住阿米巴经营的本质。这种现象如同盲人摸象，比如有的企业认为阿米巴经营是个扇子，那是因为这个企业摸到了大象的耳朵；有的企业认为阿米巴经营是个柱子，那是因为这个企业摸到了大象的腿；有的企业认为阿米巴经营是面墙，那是因为这个企业摸到了大象的身子。我们国内企业强调"员工是公司的主人"，问题是员工是否真的把企业当成自己的家？国内企业进行的班组核算是划小了核算单元，问题是我们的班组算的只是成本而已。

　　实际上，阿米巴经营模式对理论的创新在于不但将公司划分成小的核算单元，更重要的是将每个单元（包括传统的成本中心、收入中心等单元）看作是利润中心，通过建立起与市场挂钩的部门核算制度，将市场的压力传导到企业内部，培养具有经营者意识的人才，再加上稻盛和夫的经营哲学，从而实现全体员工共同参与经营。所以看似非常简单的阿米巴经营模式想在国内取得成功还是比较困难的，而在日本很多方面是约定俗成的，比如终身雇佣制，员工当然做事从长远考虑，将个人的发展同公司的发展紧密结合起来，对于阿米巴经营的理解容易达成共识，阿米巴经营的实施容易成功。

因此，笔者认为有必要从理论和实践方面，让实务界的管理者首先了解阿米巴经营到底是怎么回事以及怎样应用，然后再考虑是否需要引入阿米巴经营模式。我们可以把阿米巴经营比作从日本进口的药，企业的管理者在了解这款药的成分和功能后，要考虑这款药是否能够治疗自己企业的病，做到对症下药，而不是有病乱投医，而且实施阿米巴经营是需要长期坚持的，就如同中药一样慢慢调理，而不像西药那样立竿见影。

基于上述想法，通过本书的出版把我们近几年对阿米巴经营的研究成果发表出来，与各界企业家、企业管理理论研究者和关心企业经营管理的广大读者分享。

本书共七章，具体写作分工如下：第一章由卜志强和佟成生共同撰写；第二章、第五章和第六章由卜志强撰写；第三章和第四章由佟成生撰写，第七章由京瓷阿美巴管理顾问（上海）有限公司的前任董事长大田嘉仁先生提供案例素材，经过佟成生和卜志强的多次修改后完成。

佟成生

2018 年 3 月

图书在版编目（CIP）数据

阿米巴经营理论与实践/佟成生，卜志强著.
—北京：经济科学出版社，2018.4
ISBN 978-7-5141-9126-4

Ⅰ.①阿…　Ⅱ.①佟…②卜…　Ⅲ.①企业经营管理-研究　Ⅳ.①F272.3

中国版本图书馆 CIP 数据核字（2018）第 047713 号

责任编辑：白留杰　刘殿和
责任校对：王苗苗
责任印制：李　鹏

阿米巴经营理论与实践

佟成生　卜志强　著

经济科学出版社出版、发行　新华书店经销
社址：北京市海淀区阜成路甲 28 号　邮编：100142
教材分社电话：010-88191354　发行部电话：010-88191522
网址：www.esp.com.cn
电子邮箱：bailiujie518@126.com
天猫网店：经济科学出版社旗舰店
网址：http://jjkxcbs.tmall.com
北京密兴印刷有限公司印装
710×1000　16 开　14 印张　190000 字
2018 年 4 月第 1 版　2018 年 4 月第 1 次印刷
ISBN 978-7-5141-9126-4　定价：56.00 元
（图书出现印装问题，本社负责调换。电话：010-88191510）
（版权所有　侵权必究　举报电话：010-88191586
电子邮箱：dbts@esp.com.cn）